L'Épreuve
et
La Contre-épreuve

De la Yougoslavie à l'Ukraine

DU MÊME AUTEUR

La République inachevée. L'État et l'école en France, Payot, 1985 ; Stock, 1997 ; « Biblio », 1999.
Voyage avec Colomb, Le Monde éditions, 1991.
La Part d'ombre, Stock, 1992 ; Gallimard, « Folio Actuel », 1994.
Un temps de chien, Stock, 1994 ; Gallimard, « Folio Actuel », 1996.
Les Mots volés, Stock, 1997 ; Gallimard, « Folio Actuel », 1999.
Secrets de jeunesse, Stock, 2001 ; Gallimard, « Folio », 2003.
La Découverte du monde, Stock, 2002 ; Gallimard, « Folio », 2004.
Le Journaliste et le Président, Stock, 2006.
Procès, Stock, 2006 ; Gallimard, « Folio », 2007.
Chroniques marranes, Stock, 2007.
Combat pour une presse libre, Galaade, 2009.
Le Président de trop, Don Quichotte, 2011 ; La Découverte-Poche, 2021.
Le Droit de savoir, Don Quichotte, 2013 ; Points, 2014.
Dire non, Don Quichotte, 2014 ; Points, 2015.
Pour les musulmans, La Découverte, 2014 ; La Découverte-Poche, 2016, 2021.

(suite en fin d'ouvrage)

Edwy Plenel

L'Épreuve

précédé de

La Contre-épreuve

Stock

Couverture : Le Petit Atelier

ISBN 978-2-234-09401-7

En mémoire de François Maspero
(1932-2015)

Au bout du petit matin,
le vent de jadis qui s'élève,
des fidélités trahies,
du devoir incertain qui se dérobe
et cet autre petit matin d'Europe…

Aimé Césaire

Agis dans ton lieu, pense avec le monde.

Édouard Glissant

De la Yougoslavie à l'Ukraine

Un nouvel impérialisme menace la paix du monde, et il est russe. C'est cette réalité que l'invasion de l'Ukraine par la Russie oblige à regarder en face. Celle d'un impérialisme de revanche, mû par le ressentiment des nations déchues qui retournent leurs blessures en agressions contre d'autres peuples. Celle aussi d'un impérialisme de mission, convaincu de défendre une vision du monde conservatrice et identitaire, alternative aux idéaux démocratiques assimilés à une décadence occidentale. Celle enfin d'une puissance nucléaire à la merci d'un homme et de son clan oligarchique, ayant basculé de l'autoritarisme à la dictature, assassiné des opposants et des journalistes, muselé et emprisonné les dissidences politiques, interdit les organisations de la société civile, diabolisé toute contestation en menée étrangère.

Outre sa propre population que cette fuite en avant guerrière détourne de ses aspirations sociales et de ses revendications démocratiques, la première cible de cet impérialisme est le libre arbitre des peuples à disposer d'eux-mêmes, leur droit de choisir leur destin, leur liberté d'inventer leur futur. C'est le ressort de la crise ukrainienne depuis 2014. Mais c'est aussi celui de l'intervention russe en Syrie venue, à partir de 2015, au secours de l'une des pires dictatures du monde arabe, comme ce fut celui de la seconde guerre de Tchétchénie en 1999 où, déjà, Vladimir Poutine affirma son pouvoir par la violence en menant une guerre d'extermination contre les volontés indépendantistes d'un peuple du Caucase.

Cette même année 1999 se terminait au Kosovo le long conflit yougoslave qui signifia le retour non seulement de la guerre en Europe mais de son pire cortège de crimes, jusqu'à celui de génocide. Sous la forme d'une dispute à l'ancienne avec Régis Debray, j'avais alors publié *L'Épreuve* pour décrire ce qui m'avait paru la scène inaugurale d'une dérive française, intellectuelle et politique, emmenée par ceux que j'avais appelés les « nationaux-républicains ». Vingt-trois années plus tard, cet essai me semble toujours pertinent mais aussi, hélas, prophétique. Les porte-voix d'hier de l'indifférence vis-à-vis du crime contre l'humanité, de la complaisance envers des régimes autoritaires et de la défense des idéologies identitaires ont depuis accompagné avec zèle l'empuantissement du débat public français dont le poids électoral et médiatique de l'extrême droite est le symbole manifeste. Or, avec plus ou moins d'entrain ou de compromission, ils ont tous en partage une grande mansuétude envers la Russie de Vladimir Poutine qu'ils ont soutenu, fréquenté, défendu ou protégé.

De la Yougoslavie à l'Ukraine, j'ai voulu remettre en mémoire cette répétition générale afin d'en souligner l'enjeu pour la France d'aujourd'hui. Tout ce qui nous arrive, cette décomposition politique et cette déchéance morale qui accompagnent la dégénérescence du régime présidentiel, a pour terreau cette ascension du national contre le social et de l'identité contre la pluralité, accompagnée d'une affirmation autoritaire de la République contre l'exigence et la culture démocratiques. Faisant le jeu et le lit des ennemis héréditaires de l'égalité naturelle – du droit d'avoir des droits sans distinction d'origine, de condition, de religion, d'apparence, de sexe, de genre, etc. –, ce repli sur le Grand Un du pouvoir et le Grand Même de l'identité n'a cessé de gagner du terrain, de gauche à droite, jusqu'à rejoindre la droite extrême, grâce à ce laboratoire de confusion et cet accélérateur d'égarement dont Jean-Pierre Chevènement, désormais rallié à Emmanuel Macron, fut l'initiateur et le fédérateur.

En langage courant, une contre-épreuve est la vérification d'une épreuve. De l'une à l'autre, il s'agit ici de comprendre pourquoi, pour la plupart, nos gouvernants, politiciens, diplomates, hommes d'affaires, éditorialistes et commentateurs n'ont pas vu venir le surgissement de ce nouvel impérialisme, spectre né des décombres de l'URSS, offrant une synthèse agressive du stalinisme communiste et du tsarisme grand-russe. On vérifiera alors que cet aveuglement, où l'inconscience le dispute à la complicité, vient de loin, mélange d'indifférence au monde et de fascination pour la puissance. Et qu'il est consubstantiel à l'ascension, dans nos débats publics, d'idéologies nationalistes et autoritaires, racistes et antidémocratiques.

À l'été 2000, une décennie avant de nous quitter en 2012, le cinéaste Chris Marker visita au Kosovo les décombres du désastre déclenché en 1989 par la perdition nationaliste du régime postcommuniste en Serbie. Son compagnon de voyage, François Crémieux, avait été en 1995 soldat de la Forpronu en Bosnie, cette Force de protection des Nations unies qui ne put empêcher le crime génocidaire dont furent victimes à Srebrenica des musulmans d'Europe. Sous le choc de l'invasion de l'Ukraine, qui lui a rappelé la présence de volontaires russes parmi les miliciens serbes comme il y a des Serbes partis rejoindre les prorusses du Donbass, il s'est souvenu de ce que lui avait écrit Marker : « Toute l'histoire Kosovo/Serbie m'a passablement démoli sur un point précis : qu'on le veuille ou non, il vient un âge des bilans, et cette guerre était le condensé de tous les échecs, de tous les mensonges et de tous les pièges auxquels ma génération a eu affaire, avec en supplément, cette fois, l'impression que film était reparti à l'envers. »

De *L'Épreuve* à *La Contre-épreuve*, j'ai souhaité redérouler ce film pour essayer d'y voir clair. Avec les deux yeux, grands ouverts, sans en fermer aucun. Chris Marker avait accompagné les tournages de *Z* et de *L'Aveu*, ces deux films de Costa-Gavras qui ont signifié, pour notre génération, le refus de se mentir et de s'aveugler : la dénonciation de dictatures du camp occidental, alliées des États-Unis, en l'espèce celle des colonels grecs, ne devait pas empêcher la lucidité radicale sur les régimes se réclamant du communisme soviétique, leurs violences, leurs mensonges, leurs crimes et leurs impostures. Tenir les deux bouts en somme. S'entêter à regarder en face les réalités qui nous dérangent. Garder une exigence absolue de vérité, y compris contre son camp.

En 1969, le *Z* du film de Costa-Gavras signifiait « Il est vivant », lueur d'espoir et promesse d'un lendemain. De France en Ukraine, d'autres « Z » voudraient désormais le détrôner, voire l'effacer, signes d'ombres et de malheurs. Tandis qu'Éric Zemmour, candidat néofasciste à la présidentielle issu de la mouvance « nationale-républicaine », faisait de cette lettre son emblème, elle paradait en gros traits blancs sur les véhicules militaires de la guerre d'invasion russe. « Z » est, depuis, devenue la lettre qui résume la propagande du Kremlin, sigle d'une dictature affiché partout en Russie.

Deux « Z » se faisant écho, telle une tenaille qui écraserait l'avenir entre ses mâchoires. Brouillant l'horizon de leurs zébrures. Empêchant de voir et de savoir. C'est parce qu'il ne s'y résolvait pas que Mantas Kvedaravicius était revenu à Marioupol, pour témoigner de ce qu'il voyait et savait. Lituanien, il était cinéaste, comme Gavras et Marker. Il est mort, caméra au poing, le 2 avril 2022, dans la ville assiégée et dévastée, sous les bombardements de l'armée russe.

Paris, le 21 juin 2022

I

LA CONTRE-ÉPREUVE

1

Un aveuglement français

La guerre de la Russie contre l'Ukraine a commencé en 2014, au Donbass et en Crimée. Mais en France, tout le monde ne s'en est pas aperçu.

Le 22 novembre 2018, Nicolas Sarkozy est invité à Moscou à une réception organisée par le Russian Direct Investment Fund (RDIF), fonds souverain de l'État russe. « La Russie est redevenue une puissance mondiale. C'est sa place, c'est son rôle historique, c'est sa destinée », lance l'ancien chef de l'État à la tribune, avant d'ajouter : « Enfin, je veux dire que j'ai toujours été un ami de Vladimir Poutine, parce que c'est un homme avec qui on peut parler, y compris quand on a des désaccords. » Six mois plus tard, l'ex-président de la République devenait le conseiller à 3 millions d'euros d'une société d'assurances russe contrôlée par deux oligarques adeptes des paradis fiscaux, les frères Sarkisov.

Quatre ans passent. En juin 2022, alors que la guerre d'invasion russe fait désormais rage sur le territoire ukrainien, avec son cortège de crimes de guerre, d'assassinats de civils, de viols systématiques, Nicolas Sarkozy fait l'objet d'un long portrait du *Monde* autour de son ralliement à Emmanuel Macron et de son éloignement de sa famille politique. On y apprend qu'il « peste contre les États-Unis et l'Europe qui "ont marginalisé la Russie" ». Avec cette précision : « "Fasciné par Poutine, il est convaincu que cette guerre est le résultat d'une absence de dialogue avec le président russe. Et que lui au pouvoir, elle aurait pu être évitée", confie un patron du CAC 40. »

Cet alignement de l'ancien président français sur le pouvoir russe est une constante. En février 2015, devant le Conseil national de son parti d'alors, l'UMP, il n'hésitait pas à approuver l'annexion de la Crimée par la Russie, position qu'à l'époque seule l'extrême droite défendait publiquement : « La Crimée a choisi la Russie, on ne peut pas le lui reprocher », affirmait-il, faisant semblant d'ignorer que le « référendum » organisé par le Kremlin n'a été reconnu par aucune organisation internationale tandis que l'Assemblée générale des Nations-Unies a déclaré « invalide » le rattachement de la Crimée à la Russie. Ce même jour de février 2015, Nicolas Sarkozy allait plus loin, dans une suggestion qui faisait de l'Ukraine l'agresseur : « Il faut trouver les moyens d'une force d'interposition pour protéger les Russophones d'Ukraine. »

Autre rallié à l'actuel président français, Jean-Pierre Chevènement était à Moscou le 4 novembre 2017 afin d'être décoré par Vladimir Poutine de l'ordre de l'Amitié, lors d'une cérémonie solennelle au Kremlin. Un an plus tôt, à l'automne 2016, il dénonçait dans plusieurs médias une « russophobie » ambiante, voire une « poutinophobie », en plaidant pour la levée des sanctions prises contre la Russie depuis l'annexion de la Crimée en 2014. En 2015 déjà, il prenait la défense de la position de Moscou, n'hésitant pas à affirmer, notamment lors d'une conférence publique à Belfort, que « les Criméens veulent être russes ».

En 2016, alors que la Russie intervient militairement depuis un an en Syrie, Jean-Pierre Chevènement publiait *Un défi de civilisation*, somme géopolitique qui épouse sans distance ni nuance les positions de Vladimir Poutine.

Antidémocrate ? « Cette vision est, selon moi, outrancière, quand elle n'est pas caricaturale. » Impérialiste ? « Poutine ne rêve pas de rétablir l'URSS, mais il entend à coup sûr bâtir une Russie forte. » D'ailleurs, insiste l'autoproclamé chantre de la gauche « républicaine », « je ne pense pas que la Russie ait d'intentions agressives vis-à-vis des pays de l'Union européenne ». Quant à l'Ukraine, ce n'est pas une nation, mais juste « un patchwork qui essaie péniblement de se construire une identité nationale ».

Enfin, en 2018, dans un entretien accordé à la presse quotidienne régionale, Jean-Pierre Chevènement campait Vladimir Poutine en « homme d'État, capable de vues longues, soucieux de moderniser son pays, d'y restaurer l'État, capable aussi d'un grand pragmatisme ». Et d'ajouter que « le pluralisme existe en Russie : c'est faute d'une opposition réellement convaincante que la réélection de Vladimir Poutine apparaît comme assurée ». Enfin, à l'écouter, la crise ukrainienne relèverait pour « une grande part de malentendus » : « C'est un défaut de communication auquel contribue une vision manichéenne de la Russie qui tend à maintenir un climat de guerre froide en Europe. »

Lors de toutes ces interventions, Jean-Pierre Chevènement n'est pas une voix isolée ou solitaire :

il s'exprime avec le titre de « représentant spécial pour la Russie » qui lui a été accordé, fin 2012, et qu'il a gardé jusqu'en 2021.

C'est François Hollande qui l'a nommé à ce poste juste après son élection à la présidence de la République, plaçant ainsi l'ancien ministre de François Mitterrand et de Lionel Jospin en position d'interlocuteur privilégié de Vladimir Poutine durant près d'une décennie. Ce qui l'amènera à épouser le point de vue de ce dernier : Poutine, a-t-il écrit, « n'a violé aucun des engagements qu'il a pris », tandis que « pour beaucoup de Russes, l'Ukraine est une province du Sud, comme la Provence l'est pour la France », laquelle Ukraine est « un pays très hétérogène » dont une partie des habitants sont des « rattachistes », terme qu'il préfère à celui de « séparatistes », adoptant ainsi le langage de Moscou. Du coup, au lendemain de l'invasion russe de 2022, il n'arrivait pas à s'y résoudre, refusant d'admettre le projet impérial poutinien et préférant y voir une « erreur » : « Que Poutine commette une erreur aussi grave était tout à fait improbable. Je ne peux l'expliquer que par le fait qu'il a été trompé par son environnement. »

De Sarkozy à Chevènement, tous deux devenus soutiens d'Emmanuel Macron, ces deux rappels sont significatifs d'un aveuglement vis-à-vis de l'impérialisme russe dont témoigna la pusillanimité de la France face à l'invasion de l'Ukraine, survenue alors qu'elle présidait l'Union européenne. Loin de s'en saisir comme d'un moment historique pour affirmer un destin commun européen et proclamer sa construction indépendante des visées américaines, Paris resta en retrait, le président de la République attendant même un créneau électoral, entre les deux tours des législatives, pour se rendre à Kyiv alors que la guerre allait entrer dans son cinquième mois. À tel point que la propagande russe ne résista pas à la tentation d'inventer un néologisme pour moquer cet attentisme bavard : « macroniser », autrement dit « parler pour ne rien dire », ou plutôt ne rien faire.

Alibi de cet attentisme, le souci proclamé de « ne pas humilier la Russie » témoigne d'un irréalisme indécent quand tout un peuple subit l'humiliation d'une guerre d'agression dont le but proclamé est la négation de son identité nationale, donc de son existence. Camper d'emblée sur cette posture diplomatique, c'est évidemment faire le jeu de l'agresseur, que l'on se propose de ménager alors qu'il faudrait d'abord le repousser militairement avant de se poser la question de comment on le traite, une fois qu'il sera défait. C'est aussi montrer une grande indifférence au sort des peuples qui, de la Tchétchénie à la Syrie, ont pu prendre la mesure de la réalité du régime russe, de ses ambitions impériales et de sa violence intrinsèque. C'est surtout ne pas avoir compris, ou ne pas avoir voulu comprendre, le projet porté par Vladimir Poutine.

Lentement mûrie au point d'avoir été préalablement théorisée dans de longues réflexions historiques, l'invasion de l'Ukraine n'est pas l'embardée d'un pouvoir paranoïaque, irrationnel ou solitaire. C'est au contraire un choix stratégique, de longue durée et de grande portée. La question ukrainienne y sert de levier à une triple construction : celle d'un nouvel empire russe ; celle d'un nouvel ordre mondial ; et celle d'un nouvel État totalitaire.

Avantageusement cité par Jean-Pierre Chevènement dans son *Défi de civilisation*, Sergueï Karaganov est un personnage clé de la politique étrangère russe depuis trois décennies, qui a théorisé l'inéluctable déclin de l'Occident au profit d'une « Grande Eurasie » dont l'empire russe restauré serait le pivot et le leader. Le 28 mars 2022, soit un mois après le déclenchement de l'invasion de l'Ukraine, il en confiait l'objectif au magazine britannique *The New Statesman* : « Pour l'élite russe, les enjeux de cette guerre sont très élevés, c'est une guerre existentielle. [...] Cette guerre est une sorte de guerre par procuration entre l'Occident et le reste du monde – la Russie étant le summum du "reste" – pour un futur ordre mondial. La Russie ne peut pas se permettre de perdre, nous avons besoin d'une sorte de victoire. Et s'il y a un sentiment que nous perdons la guerre, alors je pense qu'il y a une réelle possibilité d'escalade. »

Dans cette visée, la diabolisation de l'Ukraine, qui légitime son asservissement et son effacement, permet de mettre en scène cette revanche d'une Russie millénaire contre l'Occident qui l'aurait humiliée. L'agence officielle RIA Novosti a ainsi diffusé, le 3 avril 2022, une stupéfiante tribune d'un propagandiste du Kremlin, Timofeï Sergueïtsev, affirmant que « le nazisme ukrainien représente une menace plus grande pour la paix et la Russie que le nazisme dans sa version hitlérienne ». En ajoutant que « l'Occident est lui-même collectivement le créateur, la source et le sponsor du nazisme ukrainien ».

La même agence avait précipitamment publié, en pariant sur une guerre éclair, une tribune en forme de communiqué de victoire, rapidement retirée, deux jours seulement après l'entrée en guerre. Nationaliste grand-russe et fervent soutien de Poutine, Piotr Akopov y proclamait « l'avènement de la Russie et d'un monde nouveau » : « La Russie retrouve son unité : la tragédie de 1991 [la fin de l'URSS], cette catastrophe terrible de notre histoire, cette dislocation contre nature, tout cela a été surmonté. » Quant au monde nouveau, c'est un autre intellectuel poutinien, Vladimir Morejov, qui le résume : « Notre objectif en Ukraine n'est pas de déplacer le foyer antirusse de mille kilomètres vers l'ouest, mais de créer sur nos frontières occidentales un pont et un tremplin vers une nouvelle Europe, non pas vers l'Europe actuelle du chaos et de la décadence, mais vers l'Europe de la tradition. »

La tradition en question est à la fois identitaire et autoritaire, opposée aux droits démocratiques et aux libertés individuelles. En même temps qu'il finissait de cadenasser la société russe, interdite sous peine d'emprisonnement de mentionner le seul mot de « guerre », Poutine renouait avec les pires moments du stalinisme, d'éradication des virus étrangers et de purification du corps social. « Le peuple russe, déclarait-il le 16 mars 2022, est capable de distinguer les vrais patriotes de la racaille et des traîtres, et de recracher ces derniers comme un moucheron qui aurait accidentellement atterri dans sa bouche. Je suis convaincu que cette purification naturelle de la société ne fera que renforcer notre pays. »

Alliant mythologie impériale et apologie guerrière, cet imaginaire purificateur rejoint le virilisme propre aux idéologies fascistes, hantées par la force, la hiérarchie et la domination. Il s'est traduit dès 2013 par des lois votées pour réprimer l'offense aux sentiments religieux, lutter contre la « propagande homosexuelle » et protéger les mineurs de la promotion des « relations sexuelles non traditionnelles ». La question du genre obsède littéralement Vladimir Poutine qui, en 2019, lors d'une conférence de presse à l'issue d'un G20 à Osaka au Japon dénonçait les idées de liberté sexuelle qui, en Occident, seraient « imposées » à la jeunesse.

Il n'a pas été assez souligné combien la guerre d'agression russe s'est accompagnée d'une propagande viriliste, machiste et homophobe, au nom d'une croisade contre les « prétendues libertés de genre ». Partageant les obsessions de nos conservateurs français, pourfendeurs d'un « wokisme » devenu l'épouvantail complice d'un supposé « islamo-gauchisme », Poutine s'en est pris, le 25 mars 2022, en pleine guerre, à la « cancel culture » qui sévirait en Occident. Au point d'oser un parallèle avec les sanctions visant la Russie, sur le thème de l'effacement :

« Et aujourd'hui, ils tentent de "cancel" notre pays. » Dans un registre sexiste, il n'a pas hésité à parler de Volodymyr Zelensky, le président ukrainien, comme d'une femme qu'il faudrait soumettre, voire violer. Prononcée le 8 février, deux semaines avant le déclenchement de la guerre, la phrase a été traduite différemment selon les médias, mais sa brutalité reste invariable : « Que ça te plaise ou non, ma jolie, il faudra supporter », ou « Que tu aimes ça ou pas, tu vas subir, ma belle ».

En sources ouvertes, les références abondent pour montrer le visage sans fard du poutinisme depuis une décennie : un néofascisme vengeur dressé contre la décadence libérale dont les libertés de genre seraient le symbole. Ancien premier ministre longtemps vu comme un « libéral » et désormais vice-président du Conseil de sécurité russe, Dmitri Medvedev, qui est en quelque sorte la doublure de Vladimir Poutine au Kremlin, parlait en ces termes des Occidentaux, le 7 juin 2022, sur le réseau social Telegram : « Je les déteste. Ce sont des bâtards et des dégénérés. Ils veulent la mort pour nous, pour la Russie. Et tant que je vivrai, je ferai tout pour les faire disparaître. »

Le logiciel de l'actuel pouvoir russe est explicitement identitaire, affirmant une Russie éternelle dont il serait dépositaire face à un Occident décadent et à ses alliés de l'intérieur, érigés en traîtres à la nation, agents de l'étranger, corps extérieurs qu'il faut extirper, exclure ou annihiler. On retrouve ici la matrice des idéologies inégalitaires fascistes qui, en instituant des boucs émissaires, habituent à l'inégalité naturelle, aux hiérarchies d'origine, de naissance, d'apparence, de croyance, de sexe, etc. La résonance avec les débats nauséabonds qui gangrènent notre propre vie publique est évidente : tout comme certains dressent en France le musulman en agent du « grand remplacement » et les « islamo-gauchistes » en ennemis de l'intérieur, l'idéologie du régime poutinien construit une identité purifiée, racinée et mythifiée, face à une altérité radicale qui la menacerait où l'Occident est symbole de cosmopolitisme, de mélange et de brassage, bref de décadence.

Si, fort logiquement, l'extrême droite française ne s'y est pas trompée qui, jusqu'à l'invasion de février 2022, ne lui trouvait que des qualités, voire bénéficiait des largesses financières du régime russe à l'instar du Front national, devenu Rassemblement national, on reste pantois devant le refus d'admettre cette réalité dans les milieux dirigeants de la droite et de la gauche traditionnelles. De fait, les refrains lénifiants de Nicolas

Sarkozy ou de Jean-Pierre Chevènement sont en grande part partagés par les héritiers de la diplomatie mitterrandienne, de Hubert Védrine à Jacques Attali, comme si la vieille alliance franco-russe, qui sous la IIIe République ménageait l'empire tsariste, cette terrible « prison des peuples », faisait toujours valoir ses droits, en même temps que ses attraits financiers.

Autrement dit, l'alignement idéologique – et matériel – de l'extrême droite sur les positions de Moscou ne saurait cacher un effondrement plus général qui accompagne la banalisation française des thématiques nationalistes, xénophobes, racistes, identitaires et autoritaires. Éric Zemmour fit dès 2014 de Vladimir Poutine son héros mondial, l'érigeant en « dernier rempart contre le politiquement correct, contre le communautarisme gay, le multiculturalisme », Poutine faisant barrage à « la décadence occidentale ».

« Je ne cache pas que, dans une certaine mesure, j'admire Vladimir Poutine », déclarait dès 2011 Marine Le Pen. Au début de l'intervention russe en Syrie, elle soutint les frappes contre les populations civiles, affirmant, le 1er octobre 2015, que « la France aurait dû faire ce que la Russie est en train de faire ». « Je ne crois absolument pas qu'il y a eu une annexion illégale de la Crimée : il y a eu un référendum, les habitants souhaitaient rejoindre la Russie », affirmait-elle le 3 janvier 2017. « Je ne crois pas du tout que la Russie ait le souhait d'envahir l'Ukraine », confiait-elle le 8 février 2022, à deux semaines de l'invasion… Au financement russe de son mouvement, largement documenté par Mediapart et par la justice, ont succédé des votes systématiquement favorables à la Russie au Parlement européen.

Lors de son premier voyage dans le pays, en 2013, Marine Le Pen entonnait déjà un refrain qui n'est guère éloigné de la musique souverainiste propre au chevènementisme. Dénonçant « une sorte de guerre froide contre la Russie menée par l'Union européenne », elle ajoutait : « La Russie est présentée sous des traits diabolisés […]. Je me sens plus en phase avec ce modèle de patriotisme économique qu'avec celui de l'UE. » En 2014, toujours en Russie, de nouveau reçue à la Douma, elle proclamait son opposition à des « sanctions et menaces de sanctions tout à fait contre-productives ». En 2017, reçue au Kremlin pour sa quatrième escapade russe en cinq ans, elle salue l'intervention poutinienne en Syrie et réitère son « point de vue sur l'Ukraine qui coïncide avec celui de la Russie ».

L'inventaire des aveuglements français serait évidemment incomplet si l'on oubliait Jean-Luc Mélenchon. Mais la focalisation médiatique sur les anciens errements en ce domaine du leader de la France insoumise est une diversion commode pour ne pas interroger des compromissions autrement durables et profondes non seulement à l'extrême droite et à droite – qu'on songe aux fort rémunérateurs mandats russes de François Fillon – mais dans les cercles proches de la présidence d'Emmanuel Macron, comme l'illustre le positionnement constant de Jean-Pierre Chevènement auprès duquel l'actuel chef de l'État fit ses premiers pas en politique.

Le positionnement de celui qui, depuis, est devenu le leader de l'union des gauches et des écologistes, relève de ce que je décrivais dans *L'Épreuve* : un « campisme » de gauche, fonctionnant par antiaméricanisme automatique comme s'il était tenu par le membre fantôme du soviétisme disparu. À rebours d'un internationalisme intégral prenant toujours fait et cause pour les droits des peuples contre les dominations qui entendent les soumettre, cette pensée réflexe est habitée par une vision étatique du monde partagé entre grandes puissances agressives et grandes nations progressistes.

Elle est dès lors aveugle à la nouveauté et à sa dangerosité, ainsi que l'illustra, jusqu'à la caricature, cette analyse essentialiste des peuples et de leur caractère inné offerte par Jean-Luc Mélenchon au *Figaro* le 11 novembre 2021 : « Je ne crois pas à une attitude agressive de la Russie ni de la Chine. Je connais ces pays, je connais leur stratégie internationale et leur manière de se poser les problèmes. Seul le monde anglo-saxon a une vision des relations internationales fondée sur l'agression. Les autres peuples ne raisonnent pas tous comme ça. » Un an auparavant, en novembre 2020, il confiait à *L'Opinion* que « les Russes sont des partenaires fiables alors que les États-Unis ne le sont pas ».

Le mot « impérialisme » n'est pourtant pas un anglicisme… Ces automatismes de pensée ont hélas trop souvent paralysé les gauches face aux nouveaux désordres du monde, les rendant impuissantes ou indifférentes – déjà, durant la décennie 1990, François Mitterrand ne voulait pas « ajouter la guerre à la guerre » lors des guerres yougoslaves, au point de ne pas agir face au crime génocidaire, tandis que son ancienne conception de la puissance ne le retenait aucunement pour soutenir, aider et armer les génocidaires des Tutsis au Rwanda, en 1994. De ce point de vue, le pire égarement de Jean-Luc

Mélenchon concerna la Syrie où il voulut voir un sombre jeu de la puissance américaine quand il s'agissait, d'abord, du soulèvement démocratique d'un peuple contre une dictature.

Il en vint ainsi, en 2016, à prétendre que Poutine allait « régler le problème », à savoir « éliminer Daech », soutenant toujours en 2019, contre l'évidence et malgré ses crimes, l'intervention militaire russe en appui au régime de Damas : « Heureusement que la Russie était là, car c'est elle qui, en un an, a réglé ce que tous les autres réunis ont été incapables de faire, c'est-à-dire écraser la soi-disant armée du soi-disant État islamique. » Dans la même veine d'une vision aveuglée du monde, il alla jusqu'à écrire, en 2014 : « La Crimée est perdue pour l'OTAN. Tant mieux. » Et à relayer la mise en scène d'un ressentiment victimaire portée par la propagande poutinienne en confiant sa crainte que ne s'enclenche une « guerre contre les Russes ». Quelques jours après l'invasion de l'Ukraine, il creusait encore ce sillon : « Depuis 2014, je répète sur tous les tons qu'on n'humiliera pas durablement la Russie en continuant à faire avancer l'OTAN à toutes ses portes. »

Reste que cette myopie géopolitique ne s'est pas accompagnée, comme chez d'autres, d'une compromission idéologique, encore moins financière, avec le régime russe. Intervenant à l'Assemblée nationale le 1er mars 2022 dans le débat sur l'invasion de l'Ukraine, Jean-Luc Mélenchon a paru s'en débarrasser : « Quelles que soient les causes de l'invasion de l'Ukraine, rien ne peut l'excuser ni la relativiser. La menace qu'elle contient est celle d'une guerre mondiale totale, ce qui en fait un crime contre l'intérêt général humain de notre temps. Le gouvernement de M. Poutine en porte la totale responsabilité, puisque c'est lui, et personne d'autre, qui est passé à l'acte. » Toutefois il n'est pas allé jusqu'à soutenir l'aide militaire au peuple ukrainien, s'arrêtant au milieu du gué : « Si frustrant que ce soit, l'alternative reste simple : ou bien la diplomatie, ou bien la guerre totale. »

Mais comment faire quand l'agresseur a, lui, fait le choix de la guerre totale, détruisant des villes, torturant et tuant des civils, violant des femmes, déportant des populations, assumant sa volonté d'effacer une nation de la carte, sa langue, sa culture, son histoire ?

Telle était déjà l'interrogation douloureuse qui habitait *L'Épreuve* face au militarisme du nationalisme grand-serbe et que porte, de nouveau, cette *Contre-épreuve* face à un impérialisme russe parti en croisade contre les droits des peuples et les libertés des individus. Plus la guerre d'agression poutinienne se prolonge, plus elle obtient sa prophétie autoréalisatrice, suscitant le péril auquel elle prétendait faire face : un renforcement des alliances et des solidarités militaires, donc de l'OTAN sous contrôle états-unien, faute d'une défense européenne autonome. Pour autant ne doit-on rien faire ? Laisser un peuple se faire massacrer, une nation être effacée, un pays se laisser annexer ?

La contradiction est évidente, comme en 1999 au Kosovo : contrer militairement l'agression russe oblige, en l'état actuel des rapports de force, à composer avec l'OTAN. Mais cet embarras, parce qu'il revient à accompagner une logique de puissance contre une autre, justifie-t-il de ne pas agir ? Et, dès lors, cette inaction principielle n'entraîne-t-elle pas un désarmement plus essentiel dont nous paierons, un jour ou l'autre, le prix : le refus de faire face à une réalité nouvelle, celle d'un impérialisme néofasciste de revanche et de conquête ? Dans cette alternative tragique, l'impérialisme russe ne nous laisse pas le choix.

2

L'impérialisme russe

L'invasion de l'Ukraine par la Russie nous confronte à une vérité que nous ne voulions pas voir. Car la réalité de ce nouvel impérialisme russe est sous nos yeux depuis une décennie, précisément depuis le début, en mars 2012, du troisième mandat présidentiel de Vladimir Poutine, qui détient le pouvoir à Moscou, de façon ininterrompue, depuis bientôt un quart de siècle et qui n'a cessé, de la Tchétchénie à l'Ukraine en passant par la Syrie, de s'imposer par la guerre, dans un cours de plus en plus dictatorial.

Il y a huit ans, avec l'annexion russe de la Crimée ukrainienne, pour la première fois depuis la Seconde Guerre mondiale un État européen s'emparait d'une région faisant partie d'un autre

État européen. Or cette violence ne ripostait à aucune agression sinon celle que signifiait, pour Vladimir Poutine et les siens, l'aspiration démocratique du peuple ukrainien exprimée par son désir de formaliser une association avec l'Union européenne.

C'est en effet le refus de celle-ci par le président alors en place à Kyiv, au profit d'un accord avec la Russie, qui déclencha la mobilisation populaire de l'Euromaïdan. Loin des arguties propagandistes sur une prétendue menace de l'OTAN, c'est bien contre ce sursaut démocratique que la Russie déclencha un cycle guerrier au cœur du continent européen, dont l'invasion de l'Ukraine est aujourd'hui l'aboutissement.

Indifférents ou inconscients, nombreux furent ceux, diplomates ou politiciens, qui se rassurèrent alors en réduisant l'annexion de la Crimée à une affaire interne à l'espace géopolitique russophone. Leurs œillères idéologiques, ou plus prosaïquement leurs préjugés, vis-à-vis des peuples non européens, notamment musulmans, les ont empêchés de voir plus loin. Car, pour prendre à temps la mesure de la dynamique agressive de ce nouvel impérialisme incarné par Vladimir Poutine, il aurait fallu qu'ils prêtent plus d'attention au sort tragique du peuple syrien.

S'ils l'avaient soutenu, accueilli et écouté, ils auraient su. Devenue l'épicentre des révolutions démocratiques arabes après le coup d'État militaire égyptien de 2013, la Syrie fut en effet le premier théâtre d'expansion militaire russe hors de l'ancien espace soviétique, prolongé depuis par ses incursions africaines, notamment subsahariennes, sous couvert des mercenaires du groupe Wagner.

Sans jamais renâcler aux crimes de guerre contre les civils, l'intervention russe a ainsi sauvé le régime sanguinaire de Bachar al-Assad contre lequel s'était faite, en 2011, à la suite du soulèvement tunisien, l'unité pacifique du peuple syrien dans sa diversité confessionnelle et partisane.

En même temps qu'il affirmait ainsi sa puissance hors des frontières russes, le régime poutinien radicalisait sa violence en politique intérieure. Son cours impérial devenait aussi un cours dictatorial. Le début de la guerre en Ukraine fut marqué par deux événements qui symbolisèrent sa capacité transgressive, à la manière d'un État voyou.

Le 17 juillet 2014, un Boeing de la Malaysia Airlines (283 passagers et 15 membres d'équipage) était abattu en vol au-dessus de la région de Donetsk, dans l'est de l'Ukraine, sous le contrôle des séparatistes prorusses. Les révélations initiales du média d'investigation indépendant CORRECT!V, relayées par Mediapart, sur la responsabilité de la Russie dans ce crime ont été, depuis, confirmées par les enquêtes internationales.

Puis, le 27 février 2015, Boris Nemtsov, opposant politique de Vladimir Poutine, était assassiné sur un pont de Moscou, à quelques pas du Kremlin. Il s'apprêtait à rendre public un rapport sur la guerre russe en Ukraine, contre laquelle il avait appelé la population à se mobiliser. Depuis, les opérations des services spéciaux russes contre les opposants et les dissidents, notamment par empoisonnement mortel commis jusqu'à l'étranger, se sont multipliées.

Ayant miraculeusement réchappé, grâce à l'intervention de l'Allemagne, d'un semblable assassinat, Alexeï Navalny, devenu la principale figure de l'opposition, croupit désormais en prison sur la base d'un dossier entièrement fabriqué, tout comme d'autres dissidents. Peu de temps avant son arrestation, il avait diffusé une enquête en vidéo réalisée par sa Fondation contre la corruption sur le « palais de Poutine », symbole du cynisme d'un pouvoir dont l'assise sociale est un capitalisme rapace et prédateur.

Progressivement, le pouvoir moscovite a mis fin à ce qui restait d'expression publique, pluraliste et indépendante, de la société civile russe. Dans les médias, la propagande règne en maître absolu, sans espace de contestation. Persécutant les ONG qui reçoivent des aides extérieures, notamment de fondations étrangères, une loi de 2012 a ouvert la voie à leur marginalisation, puis à leur interdiction, après son durcissement en 2020 qui les oblige à se déclarer « agent étranger ».

Dans ce contexte, la légende tenant désormais lieu de réalité, le passé, pas plus que le présent, ne saurait être réévalué ou discuté. C'est ainsi que le 28 décembre 2021, la Cour suprême russe a prononcé la dissolution de l'ONG Memorial, fondée en 1989 avec le soutien d'Andreï Sakharov, physicien nucléaire, père de la bombe H soviétique et Prix Nobel de la paix. Outre la défense des droits humains, on doit à Memorial d'avoir lancé le travail de documentation des crimes du stalinisme, d'exhumation des lieux, des camps et des charniers, ainsi que de réhabilitation de toutes ses victimes.

Telle est, sommairement résumée, la réalité du régime poutinien. Impossible d'y déceler une once d'idéal progressiste, de principe démocratique et de morale politique. Les extrêmes droites, notamment françaises, ne s'y sont pas trompées, recherchant ses financements et courtisant ses dirigeants, comme les enquêtes de Mediapart l'ont abondamment démontré. De la campagne pour un Brexit identitaire en Grande-Bretagne à l'élection du suprémaciste Donald Trump aux États-Unis, le Kremlin ne s'est d'ailleurs pas privé de servir leurs intérêts en utilisant toutes les armes virtuelles offertes par la révolution numérique, de désinformation, d'intoxication et de manipulation.

Mais, avec l'invasion de l'Ukraine, ce sont des armes autrement réelles que Vladimir Poutine déchaîne sur l'Europe jusqu'à brandir, à la manière d'un nouveau Docteur Folamour, la menace nucléaire. Quelles que soient les pathologies propres au pouvoir personnel, à sa solitude et à sa paranoïa, les spéculations sur son irrationalité ou sa déraison manquent l'essentiel : la cohérence du projet impérial, longuement pensé et mûri, qui met en branle une Russie agressive et conquérante.

Dès 2015, soit l'année qui a suivi le début de la crise ukrainienne, un essai méticuleusement documenté permettait de le comprendre. *Dans la tête de Vladimir Poutine*, de Michel Eltchaninoff, est un inventaire exhaustif des idéologies qui animent Vladimir Poutine. Revenu en 2012 à la présidence de la Russie, après l'intermède fictionnel où il fut le premier ministre de son bras droit Dmitri Medvedev, il inaugure alors un tournant conservateur revendiqué dont la « Voie russe » sera le poteau indicateur.

Dans une salade russe où s'entremêlent intellectuels grands-russes sous le tsarisme, Russes blancs face aux bolcheviques et Alexandre Soljenitsyne dans la dissidence soviétique, une constante s'impose : la promotion d'une Russie éternelle, rabattue sur son identité chrétienne et slave, en alternative à la démocratie moderne, réduite à une tromperie occidentale. Lors d'un Forum de la jeunesse tenu en août 2014 en Crimée quelques mois après son annexion, un universitaire moscovite et poutinien en résume l'enjeu : « S'édifier comme une civilisation séparée [...] ou se penser comme le sauveur conservateur de l'Europe. »

La posture victimaire face à un Occident qui, sous domination nord-américaine, serait agressif et méprisant, s'enracine dans une vieille rhétorique que résumait en ces termes le philosophe anticommuniste Ivan Ilyine (1883-1954) : « Les peuples occidentaux ne comprennent ni ne supportent l'originalité russe », leur objectif étant dès lors de « démembrer la Russie pour la faire passer sous contrôle occidental, la défaire et finalement la faire disparaître ». Or *Nos missions*, l'un des essais programmatiques d'Ilyine qui fut brièvement séduit par le nazisme, fut offert en janvier 2014 par l'administration présidentielle russe à tous les hauts fonctionnaires, gouverneurs et cadres du parti Russie unie…

Le 18 mars 2014, dans son adresse à la Fédération de Russie après l'annexion de la Crimée, Vladimir Poutine y fait explicitement écho : « La politique d'endiguement de la Russie, qui a continué au XVIIIe, au XIXe et au XXe siècle, se poursuit aujourd'hui. On essaie toujours de nous repousser dans un coin. » Le 8 avril 2014, dans un entretien à la *Pravda*, un historien proche du Kremlin, Viatcheslav Nikonov, qui n'est autre que le petit-fils de Viatcheslav Molotov, ministre des Affaires étrangères de Staline et signataire du pacte germano-soviétique de 1939, renchérit : « Un combat dirigé contre la Russie est mené depuis mille ans. Les jours actuels ne sont pas des exceptions, cette lutte de l'Occident contre la Russie ne cessera jamais. »

Spectre né des décombres de l'URSS, dont il n'hésitait pas, le 25 avril 2005, à décrire la chute en 1991 comme « la plus grande catastrophe géopolitique du siècle », Vladimir Poutine offre une synthèse du tsarisme grand-russe et du stalinisme communiste. Rien d'illogique à cela quand l'on sait combien, en faisant table rase meurtrière des idéaux internationalistes de la révolution de 1917, Joseph Staline réduisit le soviétisme à l'amour aveugle de la grande patrie russe, à une culture d'obéissance militaire ainsi qu'aux organes de répression et d'espionnage – le KGB, devenu FSB, où Poutine commença sa carrière – promus colonne vertébrale de l'État.

Loin de relever d'une spéculation hasardeuse, cette filiation est revendiquée par le président russe lui-même dans son discours du 21 février 2022 qui, annonçant l'accélération de son offensive contre l'Ukraine et l'Europe, a sidéré le monde entier. Se livrant à un négationnisme historique de l'existence même de l'Ukraine qui serait une « invention » des bolcheviques, il y revisite le moment fondateur du schisme entre léninisme et stalinisme, dont son opposition de gauche, le trotskysme, entretiendra ensuite le souvenir : la question des nationalités.

Pour Poutine, la faute indélébile de Lénine – « bien pire qu'une erreur [...] du point de vue du destin historique de la Russie et de ses peuples » – est d'avoir voulu « satisfaire sans compter les ambitions nationalistes sans cesse croissantes aux confins de l'ancien empire » tsariste. Refusant de mettre à égalité un impérialisme oppresseur, de conquête et de domination coloniales, et les nationalismes qui se révoltent pour s'en émanciper, Lénine défendait en effet le droit des peuples à disposer d'eux-mêmes quand Staline s'employait à subordonner à la domination russe les petites nations de l'empire tsariste déchu.

Tout comme la question coloniale travaille encore le présent de nos sociétés – leurs diversités, discriminations et racismes, etc. –, cette question des nationalités est au cœur de la persistance du passé stalinien dans l'idéologie poutinienne. Seul ouvrage théorique de Staline, écrit en 1913 sous le contrôle de Lénine, *Le Marxisme et la question nationale* lui offrira le poste de commissaire aux nationalités du début de la révolution russe jusqu'en 1923. Il s'y distingue par un chauvinisme grand-russe, s'opposant à l'autodétermination au point de juger contre-révolutionnaires les demandes de sécession, notamment de l'Ukraine – déjà.

Exactement un siècle plus tard – l'URSS est créée en 1922 –, Poutine se pose donc en héritier politique de Staline. Quand en août 1922 est ébauché le premier projet définissant les relations entre les futures républiques soviétiques et la Russie, Staline ne veut leur accorder qu'une vague autonomie au sein d'une fédération entièrement subordonnée à la Russie. Lénine s'y oppose farouchement, à tel point qu'outre sa prise de conscience tardive que « Staline, en devenant secrétaire général, a concentré dans ses mains un pouvoir illimité », cette question sera son dernier combat avant que la maladie ne le terrasse.

Dans ses ultimes récits qui constitueront son fameux « Testament », à la fin de 1922 et au début de 1923, longtemps tenus secrets par le pouvoir soviétique, Lénine dénonce la « campagne véritablement nationaliste grand-russe » de Staline, qu'il qualifie en des termes peu amènes de « Géorgien qui accuse dédaigneusement les autres de "social-nationalisme" alors qu'il est lui-même non seulement un véritable et authentique "social-nationaliste", mais un grossier argousin grand-russe ».

À l'inverse, l'actuel occupant du Kremlin, dans son discours du 21 février, donne acte à Staline d'avoir « pleinement réalisé non pas les idées de Lénine, mais ses propres idées sur l'État », c'est-à-dire « un État strictement centralisé et totalement unitaire ». Il lui fait seulement grief de n'avoir pas « révisé formellement les principes léninistes proclamés lors de la naissance de l'URSS », autrement dit de n'avoir pas mis en cause sur le papier le droit des républiques à s'autodéterminer et à se séparer. Autant, assène-t-il, de « fantaisies odieuses et utopiques inspirées par la révolution, absolument destructrices pour tout État normal ».

Plutôt qu'un signe de déraison, les divagations historiques de Vladimir Poutine afin de justifier sa guerre d'agression indiquent la cohérence et la dangerosité de son projet. Ce passé mort qui saisit le vif du présent est au ressort des idéologies du ressentiment qui font les nations dangereuses. Leur refrain obsessionnel est l'humiliation subie et la grandeur perdue, nourrissant la conviction qu'on ne retrouvera la seconde qu'en vengeant la première.

Évoquant la fin de l'Union soviétique dans son discours du 24 février 2022 qui accompagnait le déclenchement de l'invasion de l'Ukraine, Poutine assène qu'il en a tiré la certitude que « la paralysie du pouvoir et de la volonté est le premier pas vers une dégradation totale et une disparition complète ».

S'ensuit une diatribe contre les États-Unis et leurs alliés européens, cet « Occident collectif » dit-il : « Ils ont essayé de nous enfoncer, de nous achever et de nous détruire pour de bon. » De « détruire, insiste-t-il, nos valeurs traditionnelles et nous imposer leurs pseudo-valeurs », lesquelles mènent « à la dégradation et à la dégénérescence car elles sont contraires à la nature humaine elle-même ».

Ce travestissement de l'agression en victimisation est le piège tendu par la propagande poutinienne qui y dissimule sa volonté de puissance en nécessité défensive. La supposée menace militaire de l'OTAN est brandie pour étouffer l'aspiration démocratique des peuples d'Europe centrale et orientale.

Il va sans dire que l'accumulation, ces trois dernières décennies, par les États-Unis et leurs alliés, d'occasions manquées, d'aveuglements persistants et d'erreurs tragiques, donne sa consistance à cette rhétorique au point qu'elle rencontre, fort logiquement, un écho favorable parmi les peuples qui en ont subi les conséquences et payé le prix – y compris de la domination de notre propre impérialisme, en « Françafrique ».

Oui, l'Occident, en tant que réalité politique, s'est enivré de sa victoire par défaut après l'effondrement de l'URSS sur elle-même en 1991. Pactisant avec la nouvelle classe dirigeante qui s'enrichissait en pillant les dépouilles soviétiques, il s'est comporté en puissance arrogante et dominatrice, portée par sa croyance en une fin de l'Histoire dont le capitalisme, libéré de toute entrave et menace, serait le terme.

Oui, à partir de 2001 et du 11-Septembre new-yorkais, l'Occident s'est lancé durant la décennie suivante, de l'Afghanistan à l'Irak, dans une guerre contre le terrorisme aussi mensongère que désastreuse, violant le droit international, piétinant la souveraineté des nations, multipliant les atteintes aux droits humains, tolérant la torture, les détentions illégales et les crimes de guerre. Le tout en acceptant la persistance de la violation, voire de la négation, des droits du peuple palestinien à un État souverain.

Oui, quand en 2011 ont surgi les révolutions démocratiques arabes, au lieu d'en être solidaire, l'Occident s'est inquiété de la persistance de sa domination au point de pactiser encore plus avec l'ordre ancien des monarchies absolutistes et des dictatures nationalistes. La France de Nicolas Sarkozy y a même ajouté, avec l'intervention en Libye à laquelle la Russie et la Chine ne s'étaient pas opposées, le mensonge d'une guerre aux motifs inavoués car inavouables, dissimulant ses propres corruptions.

Oui, depuis le début de la crise ukrainienne en 2014, l'Europe fut pusillanime, dans un mélange d'inconscience et d'hésitation. Tandis qu'elle ne rechignait guère à faire affaire – et des affaires – avec l'oligarchie poutinienne, jusqu'à tolérer la vénalité prorusse de certains de ses anciens dirigeants, elle se reposait sur l'alliance atlantique sous domination américaine au lieu de s'affirmer comme puissance autonome, y compris en matière de défense. Et, dans le même temps, elle se détournait du monde, se barricadant en forteresse sécuritaire et identitaire.

L'Europe qui redécouvre la guerre sur son continent, avec son cortège de réfugiés, de désastres et de misères, est la même qui, le plus souvent, notamment en France, a fermé ses portes aux humanités blessées qui venaient à elle, se refusant à réinventer une relation d'interdépendance et de solidarité avec les peuples méditerranéens et africains.

En témoigne, le racisme banalisé et toléré qu'a immédiatement donné à voir la mobilisation, nécessaire, pour accueillir les Ukrainiens fuyant les combats : elle fut accompagnée de discours sur le fait qu'ils nous ressembleraient (en somme qu'ils sont blancs) et qu'il s'agirait d'une émigration « de qualité » (à l'inverse des migrations venues d'ailleurs). Pendant ce temps-là, les non-Européens, Africains notamment, qui faisaient de même aux frontières de l'Ukraine étaient refoulés sans ménagement.

Cependant toutes ces fautes, voire ces crimes, de l'Occident, ne sauraient excuser, encore moins expliquer, l'agression russe. Elles ont certes favorisé l'avènement de cet impérialisme russe agressif, conquérant et réactionnaire qu'incarne Vladimir Poutine. Mais elles n'en sont pas la cause, tant cette « Voie russe » qu'il veut imposer à la face du monde a sa logique propre.

L'invasion de l'Ukraine a obligé à prendre conscience, fût-ce tardivement, d'une brutale nouveauté qu'il nous faut regarder en face plutôt que de la ramener à des schémas anciens, automatismes de pensée ou réflexes « campistes ». Celles et ceux qui n'ont aucune sympathie pour les ravages d'un capitalisme économiquement prédateur, écologiquement dévastateur et géopolitiquement dominateur, ne sauraient les brandir en absolution de l'agression russe ou en motif d'abstention face au devoir de solidarité avec le peuple ukrainien.

Déjà, lors des guerres yougoslaves (1991-2001), premier moment du retour du fracas des armes en Europe, il avait fallu affronter cette nouveauté d'États et d'armées issus de l'effondrement du socialisme réel qui épousaient une idéologie meurtrière, nationaliste et raciste, au point de commettre des crimes contre l'humanité dont furent victimes les musulmans de l'ex-Yougoslavie.

Le dilemme fut alors de ne rien faire et de s'en laver les mains, ce qui était impensable aussi bien moralement que politiquement surtout après le crime génocidaire de Srebrenica en Bosnie, ou bien d'agir, quitte à accepter que la riposte se fasse dans un cadre discutable et critiquable – en l'occurrence, pour le Kosovo, celui de l'OTAN hors d'un mandat de l'ONU.

Il est pourtant facile de sortir de ce faux dilemme : il suffit d'écouter les premiers concernés, notamment les voix ukrainiennes, russes ou polonaises qui partagent les engagements socialistes et anti-impérialistes des gauches radicales européennes. Pour elles, comme lors de l'intervention russe en Syrie, il n'y a pas débat, sauf à devenir complice d'une nouvelle domination oppressive et criminelle.

Il en va ainsi du Mouvement social, nouvelle organisation politique en Ukraine qui regroupe des syndicalistes et des militants issus de diverses anciennes organisations de gauche. Dénonçant « la renaissance de l'impérialisme russe », elle a d'emblée lancé « un appel à la gauche internationale pour qu'elle condamne les politiques impérialistes du Kremlin et fasse preuve de solidarité envers celles et ceux qui ont souffert d'une guerre qui dure depuis près de huit ans ».

« Malheureusement, développait-elle, le déclin de l'impérialisme américain ne s'est pas accompagné de la montée d'un ordre mondial plus démocratique, mais de la montée d'autres impérialismes, de mouvements fondamentalistes et nationalistes. Pour cette raison, la gauche internationaliste, qui n'a l'habitude de combattre que l'impérialisme occidental, devrait repenser sa stratégie. [...] Tout comme l'empire russe était le gendarme de l'Europe au XIXe siècle, le régime de Poutine est désormais le garant de l'absence de changement social et politique dans l'espace post-soviétique. »

Dans une interview accordée à *Dnevnik*, un quotidien slovène, l'historien russe Ilya Boudraitskis, alors qu'il vivait encore à Moscou avant de partir en exil, ne disait pas autre chose : « La gauche européenne a perdu tout intérêt pour l'internationalisme, expliquait cette rare voix critique de gauche du régime poutinien. Ils voient le monde comme un conflit entre l'impérialisme américain et ceux qui s'y opposent. [...] Parmi eux, de façon surprenante, on trouve de la sympathie pour Poutine, parce qu'il résiste à la domination politique des États-Unis. Il me semble qu'à la lumière du conflit en Ukraine, il est urgent de renouveler l'approche internationaliste de la gauche européenne. »

« Ce serait très pratique pour nous », ajoutait non sans humour Ilya Boudraitskis alors même qu'il lance un véritable cri d'alarme : « Nous sommes dans une situation pire que durant la guerre froide. » Pourquoi ? Parce que « l'éthique de responsabilité » a déserté les relations internationales, dans les deux camps, explique-t-il. Et parce que la Russie poutinienne, à la différence de l'Union soviétique pendant la guerre froide, « ne peut prétendre offrir une alternative idéologique, politique, sociale ou économique à l'ordre américain ».

Enfin, venue de Pologne, voici cette autre adresse « à la gauche occidentale : vous n'êtes pas obligés d'aimer l'OTAN, mais la Russie n'est pas la partie la plus faible et la plus menacée ». Elle émanait du parti de gauche Razem, qui signifie « ensemble » et dont l'orientation le rapproche du Podemos espagnol ou de certaines composantes de La France insoumise.

« Depuis des décennies, écrivaient quatre de ses dirigeants au début de l'agression, la Russie essaie de se présenter comme une victime entourée de forces hostiles qui menacent sa sécurité. Les faits contredisent cela. C'est la Russie, avec une armée puissante, un puissant arsenal d'ogives nucléaires et des ambitions impériales, qui tente d'imposer sa volonté à ses pays voisins – et c'est à cela que la gauche doit s'opposer. »

Bref, face à ce nouvel impérialisme russe, il n'y a pas à barguigner. Toute posture d'équidistance, renvoyant dos à dos des adversaires qui seraient tous deux menaçants, revient à en sous-estimer la nouveauté et la dangerosité. Dès lors, la réponse ne saurait être le retrait sur un Aventin national, dans une illusoire position d'équilibre au prétexte d'un non-alignement. Face à un péril de cette ampleur, il n'est d'autre riposte que dans l'inter-nations, cet internationalisme dont le délaissement par les gauches européennes a pavé la route du retour des nationalismes identitaires et xénophobes. Et, par voie de conséquence, d'un nouvel impérialisme conquérant et dominateur.

De plus, sa genèse précédemment rappelée souligne combien toute ambiguïté envers le régime poutinien revient à passer par pertes et profits un enjeu décisif du point de vue de l'émancipation, de ses luttes et de ses revendications : la question démocratique. Comme en témoignent ses soutiens d'extrême droite, la tolérance envers l'actuel pouvoir russe est l'indice d'une faible exigence en matière de libertés, et c'est peu dire : en vrai, d'une fascination pour les pouvoirs autoritaires.

Bataillant en 1941, au début de la Seconde Guerre mondiale, contre les intellectuels de gauche qui renâclaient à s'aligner derrière leur gouvernement dans le combat contre le nazisme, George Orwell leur concédait volontiers toutes les tares du régime britannique, qui était encore un empire. « Après tout, si les Allemands sont cruels avec les Polonais, notre propre comportement en Inde n'est pas tellement meilleur », écrivait-il par exemple. Mais c'était pour mieux asséner, comme une tranquille évidence, que si un crime reste un crime, qu'il ait été commis par une démocratie ou par une dictature, il n'y a pas pour autant d'équivalence entre les deux régimes, l'un permettant de le contester quand l'autre l'interdit : « Dans un pays comme le nôtre, nous n'avons pas peur de nous lever pour dire ce que nous pensons. »

Pour que le peuple ukrainien aujourd'hui, le peuple russe demain, les autres peuples d'Europe centrale et orientale, puissent encore se lever pour dire ce qu'ils pensent et choisir librement leur destin, il n'est d'autre urgence que de soutenir, défendre et aider, y compris militairement, celles et ceux qui résistent à l'agression de ce nouvel impérialisme russe.

« Les socialistes doivent toujours marcher pour l'entier recouvrement de la justice, et non pas essayer de faire leurs affaires à coup d'injustices » : la recommandation est de Charles Péguy dans *L'Épreuve*, un texte de 1898 que j'ai découvert après avoir publié mon essai éponyme. C'était l'acmé de l'affaire Dreyfus : Émile Zola venait d'être condamné pour son « J'accuse », une foule vindicative l'avait pris à partie et des émeutes antisémites avaient ensanglanté les principales villes d'Algérie, alors colonie française. La conclusion de cet article resté inédit inscrivait au cœur de l'espérance progressiste le refus des raisons d'État en leurs infinies variantes – de Parti, de Classe, de Nation, de Patrie, d'Identité, d'Idéologie, de Religion, etc. – qui assignent et figent, essentialisent les êtres et paralysent les pensées.

Où l'on en revient à ce dreyfusisme que fut l'Opposition de gauche au stalinisme, sursaut de lucidité et de vérité face à cette monstruosité politique dont le poutinisme est, sinon l'héritier, du moins le descendant.

3

L'Opposition de gauche

L'Ukraine est le pays de naissance de Lev Davidovitch Bronstein. Celui qui deviendra Léon Trotsky, son identité de révolutionnaire, est né à Ianovka, un village du sud du pays, et fit ses études secondaires à Odessa. Or, en avril 1939, un peu plus d'un an avant son assassinat au Mexique par un agent soviétique, le fondateur de la IVe internationale signait un texte prophétique sur « la question ukrainienne ». Anticipant la collusion entre nazisme et stalinisme qu'allait confirmer le pacte germano-soviétique de non-agression signé à Moscou le 23 août 1939, ouvrant la voie à la Seconde Guerre mondiale, Trotsky y plaçait le sort de la terre qui l'avait vu naître au cœur du destin de l'Europe.

« Nous avons affaire, écrivait-il, à un peuple qui a donné des preuves de sa vitalité, qui a une population égale à celle de la France, qui occupe un territoire exceptionnellement riche et qui, de surcroît, est de la plus grande importance stratégique. » « La question ukrainienne est destinée à jouer dans un avenir proche un rôle énorme dans la vie de l'Europe », ajoutait-il, phrase qui semble faire écho à notre présent immédiat. Son propos visait à défendre le droit à l'autodétermination du peuple ukrainien, au nom d'une « pensée nationale libre », contre le refus de l'indépendance d'une Ukraine unifiée par Staline conforme à son idéologie grand-russe, colonisatrice et impérialiste.

C'était l'occasion pour Trotsky de rappeler le schisme inaugural de la question des nationalités où, cinq ans après la révolution d'Octobre 1917, commence la longue marche de l'opposition de gauche au stalinisme face à un pouvoir soviétique qui rompt avec l'internationalisme et se convertit à une logique de puissance héritée du tsarisme. Tardif, ce « dernier combat », selon le mot de Moshe Lewin, perdu par Lénine, concerne les deux nœuds de la tragédie soviétique dont l'écho se prolonge dans la Russie post-soviétique poutinienne : la négation de l'exigence démocratique, par l'avènement d'un pouvoir dictatorial qui, proclamé au nom d'une classe, devient celui d'un parti et de sa bureaucratie, pour finir entre les mains de son seul chef ; le refus du droit des nations à disposer d'elles-mêmes maquillé en extension du socialisme par la conquête et l'oppression, au profit d'un nouvel empire renouant avec la tradition conservatrice tsariste d'empêchement des émancipations et d'entrave aux libertés.

C'est une revanche amère mais, de fait, la guerre d'invasion de l'Ukraine confirme la justesse du combat minoritaire de l'opposition de gauche au stalinisme. Durant sa décennie d'exil sur une planète devenue pour lui sans visa, Trotsky ne cessa de sonner le tocsin avec justesse, voyant venir le danger national-socialiste, alertant sur la probabilité de la guerre mondiale, prédisant le sort funeste des Juifs d'Europe et démasquant l'imposture de la Russie stalinienne, pire ennemi des idéaux qu'elle prétendait servir. Héritier monstrueux du stalinisme, le poutinisme redonne une actualité à la tragédie de Léon Trotsky qui, à l'instar des grands mythes antiques, n'a pas fini de nous parler.

Canard. *Outka* en russe. Tel fut le nom de code donné à l'opération montée par les services spéciaux soviétiques pour assassiner Léon Trotsky au Mexique, où il s'était réfugié depuis

1937. Quand, en mars 1939, le recevant dans son bureau du Kremlin, Joseph Staline en avait personnellement donné l'ordre à son organisateur, Pavel Soudoplatov, il lui avait assuré que « le Parti n'oublierait jamais ceux qui y auraient pris part et veillerait non seulement sur eux mais sur chacun des membres de leur famille ».

Se remémorant dans ses *Mémoires* cette entrevue, décisive pour la suite de sa carrière, Soudoplatov ajoute ce commentaire : « Pour nous, les ennemis de l'État étaient nos ennemis personnels. » Nul idéal n'était en jeu dans cette affaire qui s'acheva, le 20 août 1940, par le meurtre d'un adversaire politique qui n'avait d'autres armes que ses idées et ses écrits, un homme devenu le symbole universel de l'opposition de gauche au stalinisme. Non, le seul moteur de ce crime était la défense des intérêts d'un État et de ses dirigeants, assimilée à une affaire de famille comme on le dirait dans un clan mafieux, avec la même soumission, le même aveuglement et la même violence.

Le nom de code avait été suggéré par Leonid Eitingon, l'agent soviétique qui en fut le coordonnateur sur le terrain, amant de la mère de l'assassin, Caridad Mercader – qui en fut aussi la pourvoyeuse. Pourquoi « canard » ? Parce qu'« en russe, racontera Soudoplatov, outre son sens normal, ce mot s'applique à la désinformation. L'expression courante "quand les canards volent" signifie que des journaux répandent de fausses nouvelles ». Il ne s'agissait donc pas seulement de tuer un homme, mais de tuer la vérité dont il était porteur.

En 1929, quand Trotsky commence son errance en exil, paraît le premier bulletin des opposants de gauche au régime stalinien. Son titre : *La Vérité*. Oui, dire la vérité. Et dire non au mensonge. « Qui ne gueule pas la vérité quand il sait la vérité se fait complice des menteurs et des faussaires » : à l'automne 1936, au lendemain du premier procès de Moscou – signal des grandes purges où la plupart des survivants de la génération révolutionnaire d'Octobre allaient être exterminés –, on pouvait lire cette phrase attribuée à Charles Péguy en exergue d'une revue libertaire, *Les Humbles*, dont le « dossier des fusilleurs » réclamait une commission d'enquête sur la terreur stalinienne.

Parmi les contributeurs réguliers de cette revue, outre l'écrivain prolétarien Marcel Martinet et l'inventeur du surréalisme André Breton, il y avait l'anarchiste bolchevique Victor Serge qui, d'essais en romans, sans oublier ses poèmes, se fera le chroniqueur entêté et lucide de ce désastre. On lui doit, daté de 1946 à Mexico qui, pour lui aussi, fut son dernier refuge, un recueil dont le titre fait étonnamment écho à ce qui nous préoccupe ici. Il s'intitule *Le Nouvel Impérialisme russe* et s'ouvre sur un réquisitoire sans appel face aux conquêtes territoriales soviétiques en Europe de l'Est au lendemain de la guerre mondiale, dont Victor Serge démasque en visionnaire la réalité totalitaire, à rebours des légendes libératrices. « Tels sont les faits, les faits incassables, écrit-il. Je les consigne avec amertume, avec déchirement, par devoir, une fois de plus. On ne bâtira rien sur les tombes et les ruines, avec du mensonge, de la fourberie, de la fausse monnaie et du sang innocent. Rien ! Mais on préparera, en fermant les yeux, de nouvelles destructions, de nouvelles fosses communes. »

Durant ces années 1930 qui allaient bientôt plonger l'Europe et, avec elle, le monde dans la nuit totalitaire et dans l'horreur génocidaire, ils furent alors bien peu nombreux à s'élever contre l'imposture stalinienne qui accélérait cette course à l'abîme au point de composer un temps avec le fascisme – le pacte germano-soviétique, officiellement traité de non-agression entre l'URSS et l'Allemagne nazie, fut signé en 1939. Qu'au final, la résistance héroïque et l'immense sacrifice du peuple russe durant la Seconde

Guerre mondiale aient permis la défaite du nazisme ne peut effacer ce fait d'histoire : son avènement et son expansion furent facilités par l'aveuglement stalinien imposé depuis Moscou au mouvement communiste.

Nul hasard, évidemment, si la réécriture de la Seconde Guerre mondiale sous la version mythifiée de la « Grande Guerre patriotique » est au cœur du négationnisme poutinien. Non seulement il veut faire oublier le pacte germano-soviétique, mais de plus il tente d'effacer des mémoires le crime de masse qui en souligne la monstruosité : le massacre de la forêt de Katyn, en Biélorussie, où au printemps 1940 sont exécutés, sur ordre de Staline, plus de quatre mille officiers polonais, soit l'élite urbaine, laïque et moderne, de la Pologne. Une tuerie que le régime soviétique niera jusqu'en 1990, un an avant sa chute, l'attribuant aux troupes nazies, mensonge qui sera repris par les partis communistes du monde entier.

En mai 2014, soit trois mois après les émeutes de Kyiv, début du soulèvement démocratique ukrainien, Vladimir Poutine faisait adopter une loi mémorielle introduisant dans le code pénal russe un article 354.1 prétendant lutter contre « la réhabilitation du nazisme ». L'enjeu est en réalité d'empêcher la vérité historique, où la

Seconde Guerre mondiale commence au pacte germano-soviétique de 1939, avec le partage des territoires européens qui en découlera entre l'Allemagne nazie et l'URSS stalinienne, et d'imposer un récit officiel qui retient comme point de départ l'invasion allemande de juin 1941 avec l'opération Barbarossa.

Cette loi mémorielle rend donc pénalement répréhensible « la diffusion d'informations sciemment fausses sur les activités de l'URSS pendant la Seconde Guerre mondiale » et « la diffusion d'informations manifestement irrespectueuses sur les dates de la gloire militaire et les dates mémorables de la Russie relatives à la défense de la patrie ». Au nom de ces dispositions, un article rappelant que « les communistes et l'Allemagne ont conjointement attaqué la Pologne et déclenché la Seconde Guerre mondiale » a été condamné à une amende. La Fédération internationale pour les droits humains (FIDH) l'évoque dans un rapport de juin 2021 intitulé *Russie : « crimes contre l'histoire »*, qui énumère vingt-cinq condamnations entre 2015 et 2019. Un seul accusé a été acquitté : l'unique négationniste poursuivi qui avait nié, sur les réseaux sociaux, la réalité du génocide des Juifs. Car l'autre enjeu de cette réécriture de l'histoire est la relativisation de la Shoah pour mieux magnifier le sacrifice du peuple russe.

Cette question de la vérité, ou plutôt de sa négation, lie indissolublement le poutinisme au stalinisme. Que « l'opération militaire spéciale » – dénomination officielle de la guerre d'invasion en Ukraine, désormais imposée par la loi sous peine d'années de prison – ait été précédée par l'interdiction fin 2021 de l'ONG Memorial fait donc partie d'un scénario longuement mûri. Persécutée depuis des années, victime de coups montés et d'assassinats, elle était ciblée depuis 2012 par une loi scélérate qui oblige toute ONG recevant des fonds étrangers à se qualifier, dans tous ses documents jusqu'au moindre courriel, en ces termes infamants : « Organisation faisant fonction d'agent de l'étranger ». Mais avec le passage à la guerre d'invasion, il fallait désormais la faire disparaître, tout comme les derniers îlots de résistance d'une presse indépendante.

Empêcher la libre connaissance de l'histoire est indissociable de l'interdiction de s'informer librement. Passé et présent ont partie liée : la dictature qui entend empêcher un peuple d'inventer le présent s'empressera toujours d'interdire la maîtrise du passé. En ce sens, revisiter l'odyssée de l'Opposition de gauche n'est pas un détour mais un raccourci : un présent du passé qui, sous l'apparence d'inédit, dévoile la continuité, du stalinisme au poutinisme.

Issue de la révolution bolchevique, enfantée par ses sectarismes avant-gardistes et par ses violences dictatoriales, une nouvelle classe bureaucratique dont Staline était le fédérateur en remontait le cours à l'envers, piétinant ses idéaux originels, liquidant la génération révolutionnaire, généralisant un amoralisme politique où la fin justifie toujours les moyens, mettant en scène des procès truqués et des aveux extorqués sous la torture, remplaçant l'internationalisme par une défense du « socialisme dans un seul pays » qui renouait avec un instinct nationaliste de puissance grand-russe, identifiant la cause socialiste mondiale à la défense inconditionnelle de l'État soviétique promu « patrie socialiste », semant le poison des haines fratricides en s'autorisant les pires calomnies au point de ne pas hésiter à utiliser les armes de l'adversaire fasciste – la xénophobie, voire l'antisémitisme, sous couvert de chasse au « cosmopolitisme ».

Ce que l'on nomme aujourd'hui « trotskysme » prend ici sa source. Ce n'est évidemment pas brevet de lucidité politique toujours garantie. Encore moins de pureté ou de sainteté. Sous cette étiquette, on a pu aussi compter des sectarismes dont les méthodes étaient en miroir des virulences staliniennes. Mais, aujourd'hui que l'URSS et le mouvement communiste mondial dont elle prétendait être le centre sont un continent englouti, on ne comprend rien à cette histoire défaite sans reconnaître ce sursaut des consciences qu'a porté Trotsky, dans une solitude tragique, au sein même de ce courant idéologique. La référence à Charles Péguy, au Péguy libertaire dont l'affaire Dreyfus sera l'école politique, n'était pas hasardeuse : face au mensonge d'État stalinien, le trotskysme originel fut le dreyfusisme du communisme.

Gueuler la vérité quoi qu'il en coûte. Sauver le principe de sa négation. Sauver l'espoir de sa débâcle. Sauver la révolution de sa trahison. Défendre l'internationalisme contre le chauvinisme ; le droit des peuples contre le pouvoir des États. Tout comme les dreyfusards entendaient défendre et restaurer la République française, ses idéaux démocratiques et sociaux, contre le mensonge de l'état-major et la perdition antisémite. C'est sans doute ce que les tenants des ordres établis, qu'ils soient réactionnaires de droite ou conservateurs de gauche, ne pardonneront jamais à ce que recouvre, tel un fourre-tout, cette étiquette « trotskyste » qu'ils diabolisent de concert : avoir été la mauvaise conscience face aux espérances trahies, tout en s'efforçant d'en sauver la promesse d'émancipation malgré ces trahisons.

Face au désastre stalinien, toute l'énergie de Trotsky sera concentrée sur ce seul objectif : ne pas renoncer, ne rien renier, ne pas capituler. « Capitulards », ce sera d'ailleurs l'épithète donnée par l'Opposition de gauche à ces vieux bolcheviques devenus l'ombre d'eux-mêmes en égrainant leurs aveux à la barre infâme des procès de Moscou. J'ai sous les yeux les « comptes rendus sténographiques des débats », édités en français par le Commissariat du peuple de la justice de l'URSS, de ces trois procès dont les actes d'accusation ciblaient invariablement Trotsky : « centre terroriste trotskyste-zinoviéviste » (1936), « centre antisoviétique trotskyste » (1937), « bloc des droitiers et des trotskystes antisoviétique » (1938). Ces buttes-témoins livresques d'une inquisition moderne, où les accusés dénonçaient eux-mêmes leurs crimes imaginaires en se faisant complices de leurs bourreaux, sont une littérature de l'abjection.

Alors que le fascisme mussolinien était au pouvoir en Italie depuis 1922 et le nazisme hitlérien en Allemagne depuis 1933, le stalinisme n'avait d'autre priorité que de liquider des dirigeants communistes et de décapiter l'armée soviétique – le procès conduisant les plus hauts généraux de l'Armée rouge à l'échafaud eut lieu à huis clos en 1937. Et ce crime, avec sa mise en scène totalitaire, gangrenait le mouvement communiste mondial au-delà de l'Union soviétique. Dans le recoin de bibliothèque qui me tient lieu de musée des horreurs, je garde par exemple telle brochure de propagande, éditée à Paris en 1937, où les trotskystes sont ainsi portraiturés : « Une bande d'espions, d'assassins, d'agents de diversion, de provocateurs, d'agents directs du fascisme, ennemis féroces de l'humanité tout entière. » « Hitléro-trotskystes » : ce ne fut pas qu'une injure, mais aussi l'arme du crime, un appel à la liquidation.

C'est une vieille histoire : le spectre d'Abel hante définitivement Caïn après son meurtre fratricide. Car il faut que le colosse stalinien ait eu conscience de son immense fragilité, autrement dit de son imposture essentielle, pour dépenser tant d'énergie à persécuter, de par le monde, cette infime minorité de communistes révolutionnaires qui se dressait contre lui. La disproportion des forces était incommensurable, l'Opposition de gauche restant condamnée à la marginalité, fût-elle glorieuse et héroïque. Ainsi la contre-attaque éclatante de Trotsky face aux procès de Moscou ne sera traduite en français qu'en 2018 ! Il s'agit des comptes rendus de la commission d'enquête conduite par le philosophe américain John Dewey, dont les auditions eurent lieu en 1937 au Mexique, à Coyoacán. « Le vieux », comme l'appelaient les jeunes militants, avait lui-même sollicité ce démocrate libéral, au sens anglo-saxon du terme, alors que Dewey n'avait aucune sympathie pour la violence révolutionnaire, dont Trotsky était la figure vivante.

Versions originales anglaises, *The Case of Leon Trotsky* – les auditions, 618 pages – et *Not Guilty* – le rapport final, 424 pages, concluant par un ferme « non coupable » – sont aussi dans ma bibliothèque, comme un contrepoison salvateur face au virus malfaisant du mensonge et de la calomnie. Il suffit de les lire pour constater que Trotsky, aucunement ménagé par ses interpellateurs, n'eut aucun mal à en faire litière. Hélas, dans la marche à l'abîme qui conduisit à ce moment tragique où il fut « minuit dans le siècle », selon la formule trouvée par Victor Serge, ce Cassandre n'était entendu que par une minorité de dissidents et d'irréguliers refusant d'aliéner leur liberté de penser et d'agir. Surtout, il dérangeait de tous côtés. Non seulement parce qu'il avait, le premier, pris la mesure du danger national-socialiste, alors que les démocraties elles-mêmes composaient avec Hitler

– comme l'illustreront en 1938 les accords de Munich –, mais surtout parce que, dans son opposition au stalinisme, il était resté révolutionnaire. Radicalement, indéfectiblement.

« Se battre contre l'ennemi ou se battre contre soi-même. Tout est heureux en un certain sens dans la première catégorie et en un certain sens tout est malheureux dans la deuxième. » La réflexion est de Péguy dans un texte écrit à l'été 1914, juste avant son départ pour la mobilisation générale et ses tueries de masse. Elle s'applique parfaitement à la condition du Trotsky des années 1930, chef de l'Armée rouge devenu chef de l'opposition à Staline. Face à ce dernier, il se campait en seul héritier légitime de Lénine alors que la victoire de son adversaire allait obliger ses partisans à interroger la dynamique révolutionnaire elle-même, les causes de sa bureaucratisation, les violences qui l'avaient enfantée, les dénis de démocratie et les refus du pluralisme qui l'avaient précédée.

Plus tard, dans les décennies qui suivront l'assassinat, Natalia Sedova, sa veuve – décédée en France, à Corbeil, elle lui survivra jusqu'en 1962 –, elle-même militante, confiera que Trotsky n'avait cessé de lui dire dans les dernières années : « Il faut tout, absolument tout repenser ! » Une recommandation qui imprègne l'un des derniers livres de Trotsky, *Défense du marxisme*, publié deux ans après sa mort, en 1942, où il s'interroge explicitement sur une « révision de notre conception de la présente époque et de ses forces motrices » si le régime stalinien survit à la guerre mondiale sans que surgissent de nouvelles révolutions socialistes.

De fait, Natalia Sedova-Trotsky suivra l'injonction de son compagnon en écrivant, le 9 mai 1951, au comité exécutif de la IVe Internationale pour lui annoncer sa démission. Proclamant sa fidélité aux idéaux socialistes et révolutionnaires, elle refusait l'option qui, au prétexte d'une défense inconditionnelle de l'URSS face à l'impérialisme, conduisait les héritiers politiques de Trotsky à se ranger, malgré leurs critiques, derrière le camp soviétique. Aussi audacieuse que visionnaire, cette dénonciation du « campisme », qui, aujourd'hui encore, paralyse la gauche face aux menées poutiniennes, fut reçue avec mépris par les dirigeants d'alors de l'internationale trotskyste. « Son acte est objectivement une capitulation sous la pression de l'impérialisme américain », répliquèrent-ils, osant même comparer sa décision à « une de ces réactions émotionnelles à la brutalité du régime stalinien ».

Loin de tout sentimentalisme, après avoir vu la famille de Trotsky entièrement décimée,

Natalia suivait ce précepte qui résume le défi prométhéen de cette petite cohorte des premiers opposants au stalinisme : penser contre soi-même, affronter cette réalité sinistre qu'elle avait résumée d'une phrase terrible, dont l'écrivain Jean-François Vilar fera le titre d'un roman sans pareil : « Nous cheminons entourés de fantômes aux front troués. » Et ces fantômes ne sont pas venus de nulle part. Surabondante, tant il écrivait comme pour vaincre le temps qui allait manquer, l'œuvre du Trotsky exilé permet d'en remonter la trace.

En 1936, dans *La Révolution trahie*, il taille en pièces la théorie du parti unique, ce Parti-État dressé contre le pluralisme politique et la diversité sociale, critiquant de fait l'interdiction des partis d'opposition, y compris d'autres tendances révolutionnaires, prises par la jeune République soviétique. Dans son *Staline* posthume, auquel il travaillait encore à la veille de son assassinat, il reconnaît combien la guerre civile fut une école de brutalité autoritaire et de commandement bureaucratique où le stalinisme se forgera, jusqu'à enfanter ce totalitarisme dont Trotsky sera l'un des premiers analystes et théoriciens : « "L'État, c'est moi" est presque une formule libérale en comparaison avec les réalités du régime totalitaire de Staline. Louis XIV ne s'identifiait qu'avec l'État. Les papes de Rome s'identifiaient à la fois à l'État et à l'Église – mais seulement dans les époques du pouvoir temporel. L'État totalitaire va bien au-delà du césaro-papisme, car il embrasse l'économie entière du pays. À la différence du Roi-Soleil, Staline peut dire à bon droit : "La Société, c'est moi." »

Mais, en même temps, dans l'affrontement politique, Trotsky défendait pied à pied l'héritage dont il était comptable, assumant cette violence révolutionnaire accoucheuse d'une histoire qui, pourtant, allait se retourner contre la révolution elle-même. Si, dans *Ma Vie*, publié en 1930, il passe rapidement sur certains épisodes, en revanche, dans les polémiques des années suivantes, il ne se dérobera pas. Qu'il s'agisse de la répression du soulèvement des socialistes-révolutionnaires dès 1918, de l'écrasement de la révolte des marins de Cronstadt en 1921, de la décision d'assassiner la famille du tsar, des exécutions sommaires ou des prises d'otages ordonnées sur le front pendant la guerre civile, il ne cachait rien et assumait tout, même s'il n'en était pas forcément le principal décisionnaire. Comme s'il redoutait, selon la formule consacrée des débats militants, que l'on jette le bébé avec l'eau du bain : le projet révolutionnaire lui-même avec son coût sanglant.

Toutefois la tragédie soviétique ne se résume pas à la violence intrinsèque à tout processus révolutionnaire de renversement d'un ancien régime, après le 1917 russe comme après le 1789 français. Elle pose définitivement la question de l'avant-gardisme qui confisque la révolution au profit d'une élite autoproclamée et qui, parallèlement, démobilise les masses qu'elle prétend émanciper. Trotsky lui-même y succombera, proposant en 1921, contre l'avis de Lénine, « la militarisation des syndicats » afin de mener la bataille de la production dans un pays dévasté, c'est-à-dire un renforcement de la dictature guerrière au lieu d'un retour à la vie démocratique. Autrement dit que l'exception devienne la règle. Une exception que Staline finira par incarner.

Assassinée en 1919 à Berlin, Rosa Luxemburg n'était plus là pour rappeler à Trotsky ses précoces mises en garde – si lucides et si visionnaires – aux bolcheviques. S'inquiétant de les voir comprimer ce « pouls de la vie populaire » où bat l'inventivité politique, son pluralisme et ses délibérations, elle leur avait parlé franc : « Certes, toute institution démocratique, comme toute institution humaine, a ses limites et ses lacunes. Mais le remède qu'ont trouvé Lénine et Trotsky – supprimer carrément la démocratie – est pire que le mal qu'il est censé guérir : il obstrue la source vivante d'où auraient pu jaillir les correctifs aux imperfections congénitales des institutions sociales, la vie politique active, énergique, sans entraves de la grande majorité des masses populaires. »

Le socialisme, leur assénait Rosa Luxemburg, ne saurait être octroyé d'en haut. Si « l'on peut décréter l'aspect négatif, la destruction », il n'en va pas de même de « l'aspect positif, la construction : terre neuve, mille problèmes ». Pour résoudre ces problèmes, la liberté la plus large, l'activité la plus large, de la plus large part de la population, est nécessaire. Or, la liberté, insistait-elle, « c'est toujours au moins la liberté de celui qui pense autrement ». Et ce n'est pas elle, mais la terreur, qui démobilise et démoralise : « Sans élections générales, sans une liberté de presse et de réunion illimitée, sans une lutte d'opinion libre, la vie s'étiole dans toutes les institutions publiques, végète, et la bureaucratie demeure le seul élément actif. »

Ne peut-on lire comme un remords caché de Trotsky que *Ma Vie* se termine par une tendre évocation de Rosa Luxemburg ? Et cela juste après qu'il s'est lui-même questionné à haute voix : « Est-ce que la dictature révolutionnaire a donné les résultats qu'on attendait d'elle ? » Dans la foulée, avant le point final, il convoque même Proudhon, « ce Robinson Crusoé du socialisme » dont il dit qu'il lui est pourtant étranger. Cette présence de la figure tutélaire du socialisme libertaire fait étonnamment écho aux ultimes disputes qui, dix ans plus tard, partageront les fidèles entourant Trotsky. Ainsi de son affrontement avec Victor Serge, anarchiste devenu blochevique, mais resté profondément libertaire, miraculeusement sauvé du goulag soviétique en 1936, quelques mois avant le premier procès de Moscou.

Traducteur en français de *Leur morale et la nôtre*, paru en 1939, où Trotsky défendait que « le moyen ne peut être justifié que par la fin » – la justification de cette dernière étant qu'elle doit permettre « tout ce qui mène réellement à la libération des hommes » –, Victor Serge n'avait pas hésité à porter la plume dans la plaie. Témoin et acteur à Petrograd – redevenu aujourd'hui Saint-Pétersbourg après s'être appelé Léningrad – de l'effervescence révolutionnaire, il avait rappelé ce « jour noir » de 1918 « où le comité central du parti décida de permettre à des commissions extraordinaires d'appliquer la peine de mort sur procédure secrète, sans entendre les accusés qui ne pouvaient se défendre ». « Ce jour-là, ajoutait-il sobrement, le comité central pouvait rétablir ou ne pas rétablir une procédure d'inquisition oubliée de la civilisation européenne. Il commit en tout cas une faute. »

Une faute qui mena à l'enfer des procès staliniens. « L'émancipation des ouvriers ne peut être l'œuvre que des ouvriers eux-mêmes », écrivait pourtant Trotsky dans *Leur morale et la nôtre*, mais sans remonter à la source de la confiscation qui a fini par assassiner l'espérance. « Il n'y a donc pas de plus grand crime, ajoutait-il, que de tromper les masses, de faire passer des défaites pour des victoires, des amis pour des ennemis, d'acheter des chefs, de fabriquer des légendes, de monter des procès d'imposture – de faire en un mot ce que font les staliniens. » Victor Serge approuvait évidemment mais n'en restait pas là : « Quand et comment le bolchevisme a-t-il commencé à dégénérer ? », ne cessa-t-il d'interroger du vivant du « vieux ». Ayant fui le nazisme et retrouvé Natalia Sedova-Trotsky au Mexique où il mourut en 1947, il consacra son dernier livre à une *Vie et mort de Trotsky*, empreinte de cette fidélité critique qui tisse les véritables loyautés.

Au fond, Trotsky connaissait la réponse car il l'avait tôt énoncée. C'était dans sa jeunesse, lors d'une vive polémique contre Lénine et sa conception avant-gardiste du parti, raison pour laquelle il relativisait cet écrit afin de ne pas donner d'arme supplémentaire à ses calomniateurs. Réponse au célèbre *Que faire ? Questions brûlantes de notre mouvement* de Lénine, *Nos tâches politiques*, paru en 1904 à Genève, interpellait ce « fétichisme organisationnel » dont le « substitutisme politique » menait à « la dictature sur le prolétariat ». Ainsi, prophétisait-il, « l'organisation du parti [en vient] à se substituer au parti, le comité central à l'organisation du parti et, finalement, le dictateur à se substituer au comité central ». Comment ne pas y lire une prescience du stalinisme ?

On ne pardonne pas aux voyants. Dans la tragédie antique, ces devins sont aveugles, les dieux les ayant punis de leur audace et de leur curiosité par la perte de leurs yeux. Mais, dès lors, ils voient ce qui échappe aux hommes ordinaires. Leur regard mort diffuse une lumière vivante. Quelles qu'en soient les faiblesses humaines, fautes ou erreurs, la vie de Trotsky éclairera longtemps le chemin de celles et ceux qui n'entendent pas se résigner à l'ordre des choses et du monde, à ses injustices et à ses oppressions. C'est pourquoi, bien que vaincue, elle dérange encore ses vainqueurs, héritiers d'un Thermidor stalinien mené jusqu'à son terme avec la restauration capitaliste – cette nouvelle oligarchie issue de l'ancienne bureaucratie.

Dès lors, quels qu'en soient les atours et les contextes, à Washington, Paris, Moscou ou Pékin, les tenants des ordres établis seront toujours d'accord sur Trotsky même s'ils ne sont d'accord sur rien. Depuis qu'entre 1989 et 1991 l'URSS s'est effondrée sur elle-même avec son empire est-européen, consacrant la victoire par défaut d'un capitalisme qu'elle prétendait combattre, l'anti-trotskysme et ses légendes noires sont revenus en force. On les retrouve aussi bien dans une biographie anglaise, celle de Robert Service parue en 2009 – non seulement truffée d'erreurs grossières mais le campant en dictateur pire que Staline –, que dans une série russe de 2017 diffusée depuis sur Netflix, qui le dépeint en assoiffé de pouvoir et séducteur invétéré. Dans les deux cas, les clichés antisémites que charriait la propagande stalinienne sont conviés, du cosmopolitisme sans patrie à l'ambition sans retenue.

La promesse de Staline fut tenue par ses successeurs. Juste après la chute de l'URSS, le 12 février 1992, l'organisateur de l'assassinat de Trotsky, Pavel Soudoplatov, reçut le certificat de réhabilitation qu'il réclamait en tant que

« victime des répressions politiques » – il avait été condamné et emprisonné après la mort du prétendu « petit père des peuples ». Après avoir purgé vingt ans de prison au Mexique, son assassin, Ramón Mercader, rejoignit sa « patrie du socialisme » où il fut fait Héros de l'Union soviétique et reçut l'ordre de Lénine. Sa tombe est à Moscou, mais c'est à La Havane qu'il est mort, d'un cancer, en 1978.

Ce détour cubain nous offrit en 2009, avec *L'homme qui aimait les chiens* de Leonardo Padura, le meilleur roman vrai de toute cette histoire. Un tour de force littéraire où se confirmait que, pour penser, sous toutes les latitudes, « la fatigue historique et l'utopie pervertie », selon les mots de Padura, parcourir la vie de Léon Trotsky, ses espoirs formidables, ses luttes enthousiastes et ses combats perdus, restera toujours de bon secours.

Que Cuba se soit immiscée dans cette remémoration fait écho à la dispute fraternelle qui m'avait occupé, en 1999, dans *L'Épreuve* puisque mon interlocuteur, Régis Debray, se fit d'abord connaître par son engagement auprès du castrisme. D'y repenser aujourd'hui fait surgir un souvenir de jeunesse.

C'était à la fin de l'été 1968, l'année de mes seize ans. De passage à Paris depuis Alger où je vivais, j'allais visiter ce que j'aime appeler notre université populaire, ouverte à tous les tremblements du monde : la librairie Maspero. J'y découvris la dernière édition en français de *Granma*, le journal officiel du Parti communiste cubain. Elle annonçait le soutien de Cuba et de Fidel Castro à l'invasion de la Tchécoslovaquie par les troupes du pacte de Varsovie, commencée dans la nuit du 20 au 21 août 1968. Tout comme l'agression russe d'aujourd'hui entend mettre fin aux aspirations démocratiques des Ukrainiens, cette intervention militaire mit fin au Printemps de Prague, cet espoir d'une libéralisation politique de la République socialiste tchécoslovaque, incarné par Alexandre Dubček.

Je date de ce jour-là le moment où, de façon aussi spontanée qu'artisanale, sans autre guide qu'un réflexe vital, je me suis engagé sur ce chemin qui va à contre-courant, tournant le dos aux suivismes et aux campismes. C'est ainsi que j'ai fini par rencontrer l'héritage non seulement politique mais aussi éthique du trotskysme, que je préférerai toujours appeler l'Opposition de gauche. J'étais alors tiers-mondiste ou guévariste, peu importe la dénomination, dans tous les cas un jeune qui épousait la cause des peuples dressés contre les colonialismes et les impérialismes. Mais je ne pouvais admettre que cette cause soit à géométrie variable : le droit des peuples à disposer d'eux-mêmes était incompatible avec ce soutien de Cuba à l'agression soviétique contre les aspirations démocratiques du Printemps de Prague.

Je n'ai pas varié.

Le 1er juin 2022, tandis que l'offensive éclair en Ukraine se transformait en guerre de longue durée, un procès à huis clos se tenait à La Havane où des peines de prison ferme, respectivement sept et dix ans, étaient requises contre deux artistes, Otero Alcántara, trente-quatre ans, et Maykel Castillo, trente-neuf ans, pour leur « manque de respect » vis-à-vis des autorités. Leur crime ? Une simple chanson, *Patria y vida*, devenue l'hymne de la révolte démocratique du peuple cubain contre une dictature interminable, plus que soixantenaire – la révolution cubaine date de janvier 1959.

Plus de mensonges
Mon peuple demande la liberté
Plus de doctrines
Ne crions pas patrie ou mort
Mais patrie et vie
Et commençons à construire ce dont nous rêvons
Ce qu'ils ont détruit de leurs mains...

Aux cris de « Liberté ! » et « Nous avons faim ! », des milliers de Cubains avaient manifesté les 11 et 12 juillet 2021. Un an plus tard, le 13 juin 2022, près de quatre cents manifestants ont été sévèrement condamnés, dont trente-six à des peines allant jusqu'à vingt-cinq ans de prison pour sédition.

L'émancipation est un combat sans fin, qui ne saurait épargner les régimes qu'elle a enfantés.

4

Le crime d'indifférence

Notre époque s'entête à justifier le fameux constat d'Antonio Gramsci énoncé à l'orée de cette décennie 1930 qui allait se conclure par une apocalypse mondiale et un crime contre l'humanité : « Le vieux monde se meurt, le nouveau tarde à naître et, dans ce clair-obscur, surgissent les monstres. »

Déniaisant brutalement tous les dirigeants de la planète qui, par aveuglement politique et intérêt économique, voire par corruption personnelle, s'étaient accommodés de la brutalité du régime oligarchique russe, l'invasion de l'Ukraine a fait surgir l'un de ces monstres. Sa guerre n'est pas défensive, contrairement à la légende que voudrait installer sa propagande, mais offensive, jusqu'à la terreur. Car il faut prendre au sérieux les mots choisis par le pouvoir russe pour justifier son agression. Leur irréalité apparente sert à faire advenir une réalité véritable. En résumé, aussi impensable que puisse paraître ce discours, désigner la jeune démocratie ukrainienne, si imparfaite, injuste et corrompue soit-elle, comme un nouveau nazisme, ce n'est rien de moins qu'appeler à sa liquidation, voire à son extermination.

Faisant écho aux propos de Dmitri Medvedev, devenu l'un des faucons du régime, la tribune de l'idéologue Timofeï Sergueïtsev diffusée début avril 2022 par l'agence officielle RIA Novosti détaille ce programme, sans embarras ni précautions. « La dénazification [de l'Ukraine] est un ensemble de mesures à l'égard de la masse nazie de la population », écrit-il, recommandant une éradication totale, bien au-delà de la destruction des « nazis qui ont pris les armes ». Le propos mérite d'être cité sur la longueur tant il est terrifiant de précision et de violence :

« Il faut procéder à un nettoyage total. Toutes les organisations qui se sont liées à la pratique du nazisme doivent être éliminées et interdites. Cependant, en plus des hauts gradés, une partie importante des masses populaires qui sont des nazis passifs, des collaborateurs du nazisme, sont également coupables. Ils ont soutenu le gouvernement nazi et se sont montrés indulgents à son égard. Une punition juste pour cette partie de la population n'est possible qu'en supportant les charges inévitables d'une guerre juste contre le système nazi, menée aussi discrètement que possible contre les civils. La dénazification ultérieure de cette masse de la population consiste en une rééducation, qui est réalisée par une répression idéologique des attitudes nazies et une censure sévère : non seulement dans la sphère politique, mais nécessairement aussi dans la sphère de la culture et de l'éducation. »

« La dénazification sera inévitablement une désukrainisation », poursuit cet idéologue de la terreur grand-russe, confirmant ainsi le premier but de guerre : la négation et l'effacement de l'Ukraine comme nation. Ce sera l'affaire, précise-t-il, de plusieurs décennies, d'une génération au moins : « La dénazification ne peut en aucun cas être inférieure à une génération, celle qui va naître, grandir et mûrir dans les conditions de la dénazification. La nazification de l'Ukraine dure depuis plus de trente ans – depuis au moins 1989 [l'année de la chute du mur de Berlin, prélude à la fin de l'URSS deux années après], lorsque le nationalisme ukrainien a acquis des formes légales et légitimes d'expression politique et a conduit le mouvement pour "l'indépendance" vers le nazisme. »

Ce discours a une dimension génocidaire explicite puisqu'il entend éradiquer un « ukrainisme » assimilé au nazisme, autrement dit transformer en crime une identité, une origine, une nationalité ou une citoyenneté. Ce qui signifie le droit de persécuter ou de supprimer des êtres humains non pas à cause de ce qu'ils auraient fait, de leurs actes supposés, mais en raison de ce qu'ils sont ou de ce qu'ils veulent être. Et c'est ici que l'on retrouve l'écho des guerres yougoslaves qui nous avaient sidérés par le surgissement, à la fin d'un XXe siècle peu avare en hécatombes et en massacres, des idéologies et des crimes génocidaires. Le nationalisme grand-serbe enfanté par la débâcle du titisme yougoslave ne cachait pas alors sa volonté d'effacer la part musulmane non seulement de son histoire passée mais de son peuple présent.

Face à cette monstruosité, l'indifférence ne saurait être une position, quelle qu'en soit la forme – abstention, inaction, immobilisme, précaution, distance, etc. « Je hais les indifférents » : ce cri est également de Gramsci, alors jeune socialiste, au début du siècle dernier. « Vivre, c'est résister », plaidait-il afin de secouer les manteaux de poussière sous lesquels on s'abrite volontiers pour justifier de ne pas agir, de ne pas s'engager, de ne pas risquer.

« L'indifférence est le poids mort de l'histoire, expliquait non sans panache Gramsci dans *La Città futura* du 11 févier 1917. C'est le boulet de plomb de l'inventeur, la matière inerte où s'enfoncent les enthousiasmes les plus éclatants, le marécage qui entoure l'ancienne cité et la défend mieux que les murailles les plus solides, mieux encore que la poitrine de ses guerriers, parce qu'il engloutit les assaillants dans ses goulées de limon, parce qu'il les décime et les décourage jusqu'à les faire renoncer parfois à leur entreprise héroïque. » Ruinant par avance tous les arguments qui justifient l'impuissance, individuelle ou collective, face à la lourdeur, à la nouveauté ou à la complexité des événements historiques, il concluait : « En réalité, la fatalité qui semble dominer l'histoire n'est rien d'autre que l'apparence illusoire de cette indifférence, de cet absentéisme. »

Le premier allié de nos nouveaux monstres est donc notre propre indifférence. Évidemment, en premier lieu, notre indifférence aux crimes qu'ils commettent. Ainsi, nous ne nous ferons jamais assez reproche d'avoir été négligents envers le peuple syrien, après son soulèvement pacifique de 2011 contre la dictature qui l'opprimait – et, hélas, l'opprime encore. Des quatre guerres qu'a déjà à son actif Vladimir Poutine – Tchétchénie (1999-2009), Géorgie (2008), Donbass dans l'est de l'Ukraine (2014), Syrie (à partir de 2015) –, la syrienne aurait pu, aurait dû nous alerter, si du moins nous avions été à l'écoute, hospitaliers, accueillants et bienveillants, bref solidaires du peuple qui en fut la victime.

Nul hasard, évidemment, si le même Jean-Pierre Chevènement, qui n'a cessé de prôner auprès des gouvernants français la mansuétude envers Vladimir Poutine, fut indifférent à la révolution syrienne contre la dictature de Damas. Dans son livre de 2016 déjà cité, *Un défi de civilisation*, le peuple syrien n'existe pas. Son soulèvement démocratique de 2011 est réduit à « une guerre par procuration entre l'axe chiite, c'est-à-dire l'Iran et ses alliés, et l'axe sunnite, c'est-à-dire l'alliance bancale de l'Arabie Saoudite, du Qatar et de la Turquie ». « La France avait certainement mieux à faire que de prendre parti dans une guerre de religion », ose même écrire celui auquel deux présidents successifs, François Hollande et Emmanuel Macron, ont confié le suivi politique de la relation franco-russe…

Au spectacle des ruines de Marioupol, dans le sud de l'Ukraine, les réfugiés syriens pensent évidemment à celles d'Alep, à ses immeubles éventrés, à ses quartiers rasés. Pas plus qu'elle n'est aujourd'hui en guerre contre des nazis en Ukraine, la Russie n'est intervenue en Syrie contre des terroristes mais contre une population civile qui avait simplement le tort de vouloir retrouver la maîtrise de son destin. Et l'on sait, preuves à l'appui, combien l'armée russe fut activement complice des crimes de masse commis par la dictature de Bachar al-Assad à l'aide d'armes chimiques, notamment de gaz de combat.

Mais nous avons été aussi indifférents, trop longtemps et trop souvent, aux crimes du camp adverse, cet Occident que Poutine et les siens ont désigné comme leur ennemi. Or cette indifférence-là n'est pas seulement une faute morale, c'est une erreur politique : elle est en effet pain béni pour la propagande russe, légitimant sa dénonciation des impérialismes américain et européen auprès du reste du monde qui, d'Afrique en Amérique latine, du Moyen-Orient à l'Asie, en a été si longtemps victime.

L'invasion par l'URSS de l'Afghanistan en 1979, dont, n'eût été l'héroïque résistance ukrainienne, la Russie pensait pouvoir répéter le scénario contre Kyiv – une occupation rapide et un renversement éclair du régime, parachevé avec l'assassinat du président en place –, est trop lointaine pour éclipser les désastres qui ont suivi, sous prétexte de la guerre mondiale contre le terrorisme islamiste, alors même que l'intervention soviétique à Kaboul a inauguré ce cycle catastrophique. De l'Afghanistan à l'Irak, de la torture officialisée aux prisons secrètes, jusqu'au bagne illégal de Guantanamo, les États-Unis d'Amérique sont les plus mal placés pour faire la leçon sur leur gestion des relations internationales durant les dernières décennies. Sans compter l'aveuglement général et persistant du monde occidental sur la question palestinienne, ce déni de droit à la souveraineté imposé à la Palestine sous couvert du soutien à Israël.

Jouant sur ce registre, les idéologues du Kremlin montrent l'ampleur de leur cynisme, mais aussi de leur habileté propagandiste. Timofeï Sergueïtsev, celui qui théorise la liquidation de l'Ukraine comme une « dénazification » de cette nation, n'hésite pas à en étendre le but de guerre au monde entier, par la construction autour de la Russie d'une nouvelle alliance internationale. « À partir de maintenant, écrit-il, la Russie va suivre sa propre voie, sans se soucier du sort de l'Occident, en s'appuyant sur une autre partie de son héritage : le leadership dans la décolonisation mondiale. La Russie peut nouer des partenariats et des alliances avec des pays que l'Occident a opprimés pendant des siècles. Sans le sacrifice et la lutte des Russes, ces pays n'auraient pas été libérés. La dénazification de l'Ukraine est en même temps sa décolonisation. »

Tel est le piège redoutable qui nous est tendu et qui contribue à démobiliser, en particulier à gauche, face à l'impérialisme russe. Nombre de peuples autour de la planète, notamment de son hémisphère Sud, nombre de dirigeants ou de mouvements supposément progressistes, s'y laissent prendre. Ce faisant, loin de conforter leurs émancipations, ils donnent la main à de nouveaux maîtres, à de nouveaux bourreaux, à de nouveaux crimes. C'est, par exemple, ce qu'ont tragiquement montré les cinq jours de massacre, à Moura au Mali en mars 2022, commis par la milice mercenaire russe Wagner, devenue supplétive du régime militaire putschiste de Bamako qui s'est imposé au pouvoir en raison de l'incapacité de la France à penser sa relation au continent africain autrement qu'en termes de domination, de sujétion et de corruption.

Plus de quatre-vingts écrivains et universitaires de ce que l'on nommait hier le tiers-monde, dont le Nigérian Wole Soyinka, Prix Nobel de littérature, se sont élevés contre cet engrenage redoutable. Appelant à « soutenir les Ukrainiens sans calcul ni réserve », ils s'alarment de cette « trop grande partie de l'opinion » qui, dans leurs pays, « s'est rangée du côté du dictateur russe ». « Au nom d'un anti-impérialisme qui s'est mué au fil des ans en haine passionnelle, elle applaudit quiconque s'oppose à l'Occident, poursuivent-ils. Nous mesurons l'écrasante responsabilité des puissances occidentales petites et grandes dans la dévastation de notre monde. Nous avons dénoncé les guerres qu'elles ont menées pour assurer la pérennité de leur domination sur de vastes régions, dont les nôtres, et condamné leur défense de dictatures indéfendables pour protéger leurs intérêts. Nous savons leur usage sélectif des valeurs dont elles se réclament, laissant mourir à leurs portes les réfugiés venant des Suds et accueillant "les leurs" à bras ouverts. Mais ne nous trompons pas de combat. Tous ceux et toutes celles qui réclament pour eux la liberté, qui croient dans le droit des citoyens à choisir leurs dirigeants et à refuser la tyrannie doivent se tenir aujourd'hui aux côtés des Ukrainiens. La liberté doit être défendue partout. Pour notre part, nous refusons de soutenir quelque dictature que ce soit au prétexte que ses adversaires seraient nos ennemis. À défendre la guerre de Poutine, nous nous privons de notre propre droit à être libres. »

Comme l'a fort bien dit l'écrivaine anglo-syrienne Leila al-Shami, cette vision à sens unique, aveugle à l'oppresseur dans son propre camp, n'est autre que « l'anti-impérialisme des idiots » : « Aveugle à la guerre sociale se jouant au sein de la Syrie elle-même, ce type de vision considère le peuple syrien, quand il est pris en compte, comme un pion négligeable dans une partie d'échec géopolitique. » Un aveuglement qui a conduit certains, à gauche, à ne dire mot des massacres commis par les forces russes et iraniennes venues au secours de la dictature syrienne, alors même que celle-ci est explicitement soutenue par l'extrême droite française. C'est cette même indifférence que l'on retrouve à propos de la persécution génocidaire des Ouïghours par la Chine prétendument « communiste ». Dans les deux cas, cette attitude exprime un mépris des peuples eux-mêmes, comme s'ils n'avaient pas d'autonomie, comme s'ils étaient forcément les instruments des puissances, comme s'ils n'étaient que des jouets passifs.

En mars 2021, une lettre ouverte initiée par un groupe d'intellectuels syriens, parmi lesquels

Farouk Mardam-Bey pour la France, avait démasqué cet effacement des peuples au profit des puissances – Russie, Chine, États-Unis : « Tous les mouvements en faveur de la démocratie et de la dignité qui vont à l'encontre des intérêts de l'État russe ou chinois sont régulièrement dépeints comme le produit de l'ingérence occidentale : aucun de ces mouvements n'est considéré comme autochtone, aucun n'est à l'image de décennies de lutte nationale indépendante contre une dictature brutale (comme en Syrie) ; et aucun ne représente réellement les aspirations des gens qui réclament le droit de vivre dans la dignité plutôt que dans l'oppression et les sévices. En fait, ce qui unit ces courants dits anti-impérialistes est le refus d'affronter les crimes du régime d'Assad, ou même de reconnaître qu'un soulèvement populaire contre Assad a eu lieu et a été brutalement réprimé. […] Ceux et celles d'entre nous qui se sont directement opposés au régime d'Assad, souvent en payant un prix très lourd, ne l'ont pas fait à cause d'un complot impérialiste occidental, mais parce que des décennies de sévices, de brutalité et de corruption étaient et restent intolérables. »

Optimisme de la volonté, pessimisme de l'intelligence, recommandait aussi Antonio Gramsci, dans une formule si galvaudée qu'on oublie qu'il l'emprunta à un Français, dressé contre la folie meurtrière de la Première Guerre mondiale, Romain Rolland. De savoir que l'indifférence au sort des peuples est le marchepied des dominations et des oppressions, de leur perpétuation, de leur aggravation ou de leur réinvention, ne saurait nous rendre aveugles aux instrumentalisations stratégiques de leurs justes causes, par d'autres puissances, d'autres dominations, d'autres oppressions. Notre solidarité avec le peuple ukrainien est donc dénuée de naïveté sur l'occasion offerte par l'agression russe non seulement au renforcement de la mainmise américaine sur le continent européen, mais aussi à l'accentuation de politiques inégalitaires, autoritaires et militaristes de nos propres gouvernants, brutalisant les démocraties pour servir les intérêts économiques dont ils sont devenus les jouets, au détriment de l'intérêt général.

Mais aucun combat sur ce front démocratique et social ne sera fructueux, encore moins victorieux, si celles et ceux qui le portent ne sont pas au rendez-vous du monde. C'est la voie qu'indiquent ces anarchistes ukrainiens qui mènent avec d'autres syndicalistes ouvriers la lutte contre la volonté du pouvoir de Kyiv de remettre en cause le code du travail, au prétexte de la loi martiale, tout en participant à la résistance à l'invasion russe sur la ligne de front, au sein d'une unité autonome de combattants libertaires. Leur message a une portée générale : la seule façon de contrecarrer la propagande impérialiste de Poutine, c'est d'assumer un imaginaire alternatif, de démocratie approfondie, de droits sociaux étendus, de libertés accrues, de minorités protégées, d'éthique exigeante, de corruptions anéanties, de priorités écologiques, de protection de la diversité, de la défense de la pluralité. À l'inverse, plus la riposte se révèle sans principes, à l'instar, entre autres exemples, de cet empressement français, puis américain, à réhabiliter l'Arabie Saoudite et son prince héritier, assassin du journaliste Jamal Khashoggi, pour mieux profiter de son pétrole, plus elle légitime le cynisme du Kremlin.

À rebours de toute union sacrée, qui obligerait à faire taire toute autre urgence, espérance ou exigence, la guerre en Ukraine devrait être une invite à repenser et refonder le monde qui l'a vue naître. Ce monde dont les puissances qui s'affrontent ont en commun de ne pas respecter le droit international jusqu'à le violer impunément. Ce monde où cinq puissances, arcboutées sur la légitimité archaïque que leur a confié leur statut de premières puissances nucléaires, entravent la construction d'un véritable multilatéralisme entre nations également respectées et reconnues. Ce monde qui, par-delà les rivalités qui le traversent, est uni par un capitalisme sauvage, de prédation féroce et de spéculation acharnée, où la destruction du vivant accompagne la perdition, l'égarement et la désespérance des humains. Ce monde où la politique s'est laissée gangréner par les intérêts d'une minorité sociale, mue par l'accumulation démesurée de richesses et l'égoïsme entêté des nantis, sans aucun souci du bien commun. Bref, ce monde qui, ayant tourné le dos à l'exigence d'égalité au cœur de la promesse démocratique, ne cesse de produire des injustices, des hiérarchies, des exclusions, des stigmatisations, des haines – et, par voie de conséquence, des guerres.

« Organiser le pessimisme » : c'est ainsi qu'en 1928, le jeune surréaliste Pierre Naville, qui allait bientôt s'engager auprès de Léon Trotsky, définissait la responsabilité politique des tenants de l'émancipation dans un monde qui court à l'abîme, et donc à sa perte, au risque d'y entraîner l'humanité et le vivant. La solidarité internationaliste avec le peuple ukrainien en relève, avec la même tension douloureuse. Elle est ce pari sur l'impossible qui invente un avenir meilleur en faisant face aux misères du présent, sans barguigner ni hésiter, sans s'inventer des prétextes idéologiques ou géopolitiques pour se dérober.

On en revient au legs de l'Opposition de gauche, ce moment dreyfusiste du refus des ordres établis, de leurs injustices et de leurs oppressions. S'entêter à tenir tous les bouts, ne pas devenir politiquement hémiplégique, refuser qu'un engagement rende aveugle sur son propre camp. C'est ainsi qu'au moment de clore cette *Contre-épreuve*, je me remémore Jean-René Chauvin qui fut, jusqu'au bout, de cette école-là. Dans mon volume de *L'Épreuve*, j'ai retrouvé l'un de ses textes que j'y avais glissé et qu'il diffusait en tract lors de la guerre du Kosovo, en 1999. Il est intitulé « Le syndrome de Munich à l'heure du Kosovo ».

J'ai connu Jean-René dans ma jeunesse militante. Il était trotskyste depuis toujours, trotskyste à la Victor Serge, autrement dit sérieusement libertaire et farouchement indépendant. Résistant, il avait été déporté successivement à Mauthausen, Auschwitz-Birkenau et Buchenwald. D'y avoir survécu l'avait rendu encore plus disponible et vigilant. Dans son esprit, ce qu'il avait enduré ne lui donnait aucun droit mais lui faisait obligation : un devoir d'engagement internationaliste dans le souci des autres et du monde, sans patrie ni frontières.

Son tract s'en prenait à l'impuissance de ceux qui, surtout à l'extrême gauche – c'était sa famille politique –, au lieu de tenir tous les bouts, choisissaient de se tenir à distance, tout en se donnant bonne conscience. « Accrochés au bastingage de leurs perspectives électorales à court terme, ils n'ont plus qu'un cri, écrivait-il : "Ni frappes, ni purification ethnique" », autrement dit ni Milosevic ni OTAN, ni massacre ni intervention – la formule même de l'impuissance. « Mais, les apostrophait alors Jean-René Chauvin du haut de ses quatre-vingts ans [il est mort en 2011 à quatre-vingt-douze ans], comment faire la paix avec quelqu'un qui vous massacre ? Comment rester à crier dans les manifs "Ni frappes, ni purification ethnique" quand le génocide continue ? »

Il répondait à ses propres questions par une citation. Celle d'une lettre de Léon Trotsky, datée du 13 juillet 1940, quelques semaines avant son assassinat, alors que l'Allemagne nazie avait déjà conquis une bonne part du continent européen. Adressée aux tenants de la non-intervention aux États-Unis, elle fut publiée dans ses œuvres complètes sous le titre « Combattre le pacifisme ».

« Libéraux et démocrates disent : “Il faut aider les démocraties par tous les moyens, sauf une intervention directe en Europe”, écrit Trotsky. Pourquoi cette limitation stupide et hypocrite ? S’il faut défendre la démocratie, nous devons la défendre aussi sur le sol européen, d’autant plus que c’est le meilleur moyen de défendre la démocratie en Amérique. Aider l’Angleterre à écraser Hitler, par tous les moyens, y compris l’intervention militaire, signifierait le meilleur moyen de défendre la démocratie américaine. »

D’hier à aujourd’hui, j’espère que mes lectrices et lecteurs auront compris qu’il fallait d’emblée et qu’il faut encore aider l’Ukraine, y compris militairement, dans l’espoir de mettre fin aux ambitions de l’impérialisme russe.

Nous voulons la paix tant nous savons que ce monde de prédation enfante la guerre en même temps qu’il court à sa perte. Mais nous ne l’obtiendrons pas en laissant s’épanouir une nouvelle puissance agressive et conquérante, dont l’idéologie fascisante est engendrée par le pire du capitalisme : née d’un hold-up sans précédent dans la débâcle de l’URSS, dont la classe bureaucratique forgée par le stalinisme fut l’organisatrice et la bénéficiaire, l’oligarchie régnante en Russie est l’incarnation de cette dégénérescence mafieuse qui accompagne la course à l'abîme d'un monde qui corrompt les hommes et détruit la nature. L'immense conglomérat Gazprom, symbole d'un régime qui assoit sa domination sur le pillage des ressources énergétiques, est synonyme à la fois de corruption généralisée – dont le personnel politique occidental est la cible – et d'irresponsabilité écologique – c'est le premier des criminels climatiques de la planète.

À rebours d'un alignement sur des États, l'internationalisme que j'ai voulu ici défendre n'a qu'une seule boussole : la solidarité avec les peuples, leurs espérances, leurs résistances, leurs aspirations à la justice et à l'égalité. En ce sens, s'engager aux côtés des Ukrainiens aujourd'hui, comme hier des Syriens, comme avant-hier des Vietnamiens ou des Algériens, comme des Palestiniens sans relâche, ne signifie aucunement s'aveugler sur l'opportunité que la Russie offre à la puissance américaine et à son prolongement stratégique, l'alliance militaire fédérée par l'OTAN. Il en allait de même quand la résistance armée contre le nazisme et ses collaborateurs français ne devait pas empêcher de se dresser contre l'aveuglement des puissances victorieuses, leurs crimes, leurs impérialismes, leurs dominations coloniales.

L'internationalisme campe résolument du côté des dominés contre les oppresseurs, quels qu'ils soient, sans frontières. Son adversaire prend toujours figure étatique sous l'alibi d'intérêts nationaux ou impériaux. « Agis en ton lieu, pense avec le monde » : suivre la recommandation d'Édouard Glissant, c'est travailler à faire advenir un monde sans puissance dominatrice et sans économie prédatrice, qui assume sa fragilité dans le souci du vivant.

Oui, comme le prédisait ce chantre du Tout-Monde, « le temps viendra où le désir de dominer, de dicter sa loi, de bâtir son empire, la fierté d'être le plus fort, l'orgueil de détenir la vérité seront considérés comme un des signes les plus sûrs de la barbarie à l'œuvre dans l'histoire des humanités ».

II

L'ÉPREUVE

1

Un cahier libre

Je me souviens de la librairie « La Joie de lire », au Quartier latin.

Entre le tiers-monde où j'ai grandi, des Caraïbes au Maghreb, et la France où, depuis bientôt trente ans, je vis, elle fit le lien, d'une révolte à l'autre. Chaque fin d'été, j'y allais faire provision de libelles et d'opuscules, dans ce grand chambardement de la fin des années 1960 où nous espérions inventer l'avenir contre aussi bien Washington que Moscou, construire un monde fraternel, sans exploitation économique ni imposture bureaucratique. Des espoirs d'alors, ses étalages offraient l'entier kaléidoscope, du meilleur au pire. Université à livre ouvert, comme l'on dirait en plein air, elle laissait libre de faire soi-même son chemin, son tri et ses choix. C'est ainsi que j'y fis silencieusement mes classes, à l'instar de bien d'autres condisciples, optant finalement pour la discipline qui me parut à la fois la moins oublieuse et la plus vigilante : le trotskysme, en sa variante sinon libertaire, du moins non sectaire.

Le choix devait être logique puisque ce fut aussi celui du maître des lieux, fondateur de la librairie et éditeur à sa propre enseigne, François Maspero. Plus tard, j'eus l'occasion de le croiser dans ces mêmes eaux où nous nagions à contre-courant, dans l'adversité des conformismes staliniens et des réalismes socialistes, des dogmatismes maoïstes et des modes populistes. Sa discrétion et ses silences, qui l'accompagnent aujourd'hui encore, ne laissaient pas de m'impressionner. À l'époque, j'ai en vain cherché à percer le mystère de cette mince silhouette de marin breton, casquette et caban de rigueur, qui, le samedi soir, un sourire timide aux lèvres, s'avançait vers nous qui vendions *Rouge* – « Le seul journal qui annonce la couleur ! » – entre deux descentes de police, rue Saint-Séverin.

Depuis que je l'ai lu, l'éditeur s'étant sur le tard dévoilé écrivain après s'être trop longtemps effacé derrière les livres des autres, je crois savoir. Il avait compris, lui, que la vie, hélas, serait longue, qu'elle n'offrirait pas ces raccourcis héroïques dont nous rêvions secrètement et qu'elle nous apprendrait, à nous qui voulions changer le monde, ce qu'avait pressenti Paul Nizan, cet écrivain qu'il avait exhumé de l'enfer où l'avait plongé la bienséance communiste : combien « c'est lourd et mou le monde, comme il ressemble peu à un mur qu'on flanque par terre pour en monter un beaucoup plus beau, mais plutôt à un amas sans queue ni tête de gélatine, à une espèce de grande méduse avec des organes bien cachés ».

Ou plutôt, François Maspero l'avait toujours su depuis qu'à l'adolescence, le combat contre le nazisme lui avait ravi son frère et son père.

On aura compris qu'il fut de ces hommes rares qui ont réconcilié ma génération avec la France – je veux dire par là avec cette promesse républicaine où l'esprit national ne se réalise que dans la fraternité universelle, ce qu'en d'autres temps on nommait l'internationalisme et que je ne me résous pas à juger inactuel. C'est une bien plus longue et complexe histoire qu'on ne le croit communément. Après tout, même le Péguy de *Notre jeunesse* (1910) se revendiquait encore d'un « socialisme exactement internationaliste », quatre ans avant d'aller se faire tuer, selon ses mots, en « soldat de la République pour le désarmement général et la dernière des guerres », dans le fracas terrible des nationalismes impériaux. La référence peut surprendre, tant le fondateur des *Cahiers de la quinzaine* a donné lieu à des récupérations contraires et à des réfutations fautives. Pourtant elle n'est pas hasardeuse.

Dans ces résonances anachroniques et intimes que suscite inévitablement le temps qui passe, « La Joie de lire » me semble en effet avoir été notre « Librairie des Cahiers », digne descendante de cette boutique qu'au début du siècle tenait, non loin de là, rue de la Sorbonne, Charles Péguy. L'antre de Péguy était le repaire des dreyfusards, du moins de ceux qui l'étaient restés. Fidèle au souvenir des coups de poing assenés aux bandes antisémites, quand il menait son monde en chef de guerre de la même manière que Michel Récanati nous emmenait à l'assaut des « nervis » d'Ordre nouveau, Péguy y entretenait une flamme qui, en lettres de feu – il ne polémiquait pas à moitié –, traçait une ligne de partage : d'un côté, les apologues du passé, revisitant leur jeunesse avec une nostalgie contrite, égrenant leurs souvenirs étudiants comme autant de foucades inconscientes ; de l'autre, les entêtés du présent qui ne cessent d'en travailler l'actualité, d'en assumer la promesse et d'en décliner l'inachèvement.

Pour un péguyste vrai, il y aura toujours des affaires sur lesquelles on ne se réconcilie pas – et, si elle était la première, l'« Affaire » Dreyfus n'était certes pas la seule. Chaque génération intellectuelle a les siennes. S'agissant de la nôtre, jusqu'à récemment, dans la liste de ces moments de vérité directement vécus ou reçus en héritage, et qui mirent en jeu l'idée que nous nous faisons de la France, il y avait, à tout le moins, la Collaboration, la guerre d'Algérie et Mai 68. Trois dossiers dont l'instruction, tant que nous aurons la force de les plaider, ne sera jamais close.

Il faut maintenant en ajouter un quatrième : l'affaire yougoslave, du Kosovo au Kosovo, en passant par Vukovar, Sarajevo, Srebrenica, etc.

On ne se refait pas : le souvenir des Éditions Maspero, disparues au début des années 1980, et de la librairie qui les accompagnait résonne comme un perpétuel rappel à l'ordre. À tel point qu'en son nom, je me sens toujours prêt, bien que ce ne soit pas dans mes manières, à gifler quiconque revendiquerait avec contentement avoir participé au pillage organisé par l'ultra-gauche qui conduisit à leur faillite. Le si discret François Maspero sera sans doute le premier à s'amuser de se découvrir ainsi en emblème, lumière réminiscente à l'instant du péril. On le dit, on croit le savoir tourmenté, précautionneux, hésitant. Mais justement : rien de tout cela, qui relève de la simple rigueur, de l'élémentaire exigence, d'une intelligente prudence, ne l'a amené à mettre à distance le présent, ses misères et ses impatiences, ses urgences et ses imprudences.

En ce sens, il incarne ce qu'avait alors de profondément dreyfusiste notre engagement politique, quelles qu'en soient par ailleurs les déclinaisons momentanées. Nous vivions avec cette idée que la révolte contre l'injustice n'attendait pas, qu'elle ne devait même souffrir aucune attente ou, mieux encore, que la laisser en souffrance, c'était déjà s'y habituer. Nous ne connaissions pas encore cette confidence de Bernard Lazare, ce saint du panthéon péguyste : « Voyez-vous, Péguy, je ne commence à me sentir chez moi que quand j'arrive dans un hôtel. » Mais nous lui étions strictement fidèles : nous étions prêts à voyager sans retard et sans bagages. Je veux dire par là à nous mobiliser même si les programmes n'étaient pas achevés, même si les alliances restaient obscures, même si les perspectives se révélaient incertaines, même si tout ce qui fait la trame d'une stratégie et d'une tactique politiques n'était pas encore impeccablement noué et tissé.

Péguy a évidemment énoncé cette règle de vie, dans une tirade bien à sa manière, lancinante et opiniâtre : « Une seule injustice, un seul crime, une seule illégalité, surtout si elle est officiellement enregistrée, confirmée, une seule injure à l'humanité, une seule injure à la justice et au droit surtout si elle est universellement, légalement, nationalement, commodément acceptée, un seul crime rompt et suffit à rompre tout le pacte social, une seule forfaiture, un seul déshonneur suffit à perdre l'honneur, à déshonorer tout un peuple. » Nous ne pouvons nous défiler : nous serons toujours convoqués, requis, sommés ; éprouvés par des événements qui, à la fois, nous mettront à l'épreuve et feront preuve.

Aussi ne fus-je guère surpris d'apprendre, sur le tard, qu'en 1959, lançant sa maison d'édition, le jeune libraire tiers-mondiste François Maspero avait justement choisi ce parrainage-là : Charles Péguy. Non seulement sa première collection s'intitula « Cahiers libres », en hommage aux cahiers quinzomadaires du rebelle, mais, sur la jaquette des premiers titres publiés, il inscrivit ces mots, du même : « Ces cahiers auront contre eux tous les salauds de tous les partis. » Seuls ceux qui prennent Péguy par le bon bout – c'est-à-dire par le début – et qui savent quel socialiste éminemment libertaire il fut peuvent comprendre. Ceux qui ne veulent voir, pour l'adopter ou le rejeter, que le patriote exalté qu'il devint ne comprendront pas pourquoi on le retrouve, en compagnon fidèle, auprès de ceux, bien solitaires, qui, dans la nuit noire du stalinisme, en dénonçaient les crimes. Publiant en 1938 dans la revue *Les Humbles* un recueil de poèmes sobrement titré « Résistance », Victor Serge place en exergue quatre vers de Péguy...

J'ai sous les yeux l'un de ces numéros des *Humbles*, sous-titrés « Revue littéraire des primaires », paru deux ans plus tôt, en septembre 1936, et consacré aux procès de Moscou. Son titre : « Après le 30 juin de Staline. Dossier des fusilleurs. Pour une commission d'enquête ! » Parmi les signatures, celles des surréalistes, toujours à l'heure, ponctuels aux bons rendez-vous : André Breton, Georges Henein. Et en page de garde, ceci, de Péguy bien sûr : « Qui ne gueule pas la vérité quand il sait la vérité se fait le complice des menteurs et des faussaires. »

« Tout était pur alors. Tout était jeune. » En 1959, au soir de sa vie, Jules Isaac entreprend de se la remémorer. Déjà très âgé, il n'achèvera de ce travail que le premier tome, uniquement consacré au seul maître à qui, écrivait-il, « j'ai tant donné de moi-même, de ma vie, de qui j'ai tant reçu », à Péguy donc, « plus vivant que mort ». Cet Isaac, dont le nom de famille était à l'origine Isaac-Marx, n'est autre que ce professeur d'histoire dont les indestructibles manuels accompagnèrent nos scolarités lycéennes jusqu'aux années 1960 : l'homme des Malet-Isaac. C'est sous ce parrainage républicain et complice que j'en viens, enfin, à ce qui me taraude.

« Tout était jeune »... Évoquant les enthousiasmes du combat dreyfusard, avant que la mystique ne soit dévorée par la politique, ces trois mots sont trompeurs : leur musique nostalgique peut laisser croire que, jeunesse passée, l'espérance entre au purgatoire. Je préfère croire que, demain, tout sera jeune, encore. Mais il est vrai que, pour nous, tout était jeune quand nous nous rendions à « La Joie de lire ». Certains alors d'inventer un monde neuf, nous ne savions pas que nous serions finalement confrontés aux inventions d'un monde nouveau dont nous n'aurions ni prévu ni maîtrisé l'avènement. C'est donc dans cette pureté intacte des idées simples qu'adolescent j'ai acheté, à la librairie « La Joie de lire », mes deux premiers livres politiques, édités par François Maspero : *Le Socialisme et l'homme à Cuba* (1965), d'Ernesto Che Guevara, et *Révolution dans la révolution ?* (1967), de Régis Debray.

Guevara-Debray, Debray-Guevara. Nous connaissons aujourd'hui la tragédie du Che, sa solitude, sa dureté, ses illusions, et nous savons qu'en Bolivie le « guérillero héroïque » était en fait déjà vaincu, défait politiquement à La Havane et lâché militairement par Fidel Castro. Mais, en 1967 – j'avais alors quinze ans –, ces deux noms, l'argentin et le français, luttant tous deux sans patrie ni frontières, symbolisaient ce pour quoi une vie valait la peine d'être risquée : l'accouchement d'un monde délivré des égoïsmes sociaux et nationaux, à la fois solidaire et fraternel. Ridiculement naïf, mon premier engagement politique fut, après l'exécution de Guevara, précédée par l'arrestation de Debray, de faire signer autour de moi une pétition de solidarité que nous nous en allâmes, à trois camarades de lycée, apporter à l'ambassadeur de Cuba à Alger… Oui, tout était jeune.

Tout serait-il devenu vieux ? C'est la question que je me pose depuis que j'ai lu, le 13 mai 1999, dans *Le Monde*, la « Lettre d'un voyageur au président de la République » adressée par Régis Debray à son retour de Serbie et du Kosovo.

Ce texte m'a surpris alors que j'étais en train d'ébaucher une réfutation des illusions charriées par cette nouveauté au sein du paysage politico-intellectuel, mouvance fort active et curiosité très française : les nationaux-républicains. Régis Debray devait y figurer en bonne place, ayant lui-même théorisé la catégorie, ce mariage à mes yeux trompeur où le repli national mine de l'intérieur l'actualité d'une radicalité républicaine. Je m'apprêtais donc à le discuter. Il me faut aujourd'hui le disputer. Car, entre-temps, un peu trop vite à mon goût, la guerre, ce moment de démesure, a fait son office de révélateur. La démonstration est brutale, douloureuse : je n'imaginais pas que l'amour du national, ici, puisse aveugler à ce point sur la réalité des infamies commises en son nom, là-bas. Je n'imaginais pas que le débat légitime sur la guerre du Kosovo et la critique nécessaire des frappes de l'OTAN contre la Serbie puissent se transformer en une falsification si manifeste de l'histoire que nous sommes en train de vivre ; en une complicité tacite avec un pouvoir oppresseur et criminel ; en une indifférence tenace au crime, à sa nature et à ses victimes. Aussi durs soient-ils, aucun de ces mots n'est choisi au hasard, et je m'attacherai à les justifier. Mais ils sont écrits et ils font mal, ils nous font mal.

« Dis-moi comment tu traites le présent et je te dirai quelle philosophie tu es. » Péguy a écrit cette phrase peu avant de partir à la guerre, en juillet 1914, dans son dernier texte, sa *Note conjointe sur M. Descartes et la philosophie cartésienne*. Chaque ligne de ce plaidoyer – pour Bergson en fait, à l'abri de Descartes – fait entendre l'écho vivant de ce qui se joue, pour nous, aujourd'hui même, en Europe. Oui, le présent, l'accord ou le désaccord sur ce qui s'y fait ou s'y défait, est « le secret de toute la bataille », « il est le premier point non encore engagé, non encore arrêté, le point encore en cours d'acquisition, en cours d'inscription [...] le point qui n'a point encore les épaules prises dans les momifications du passé ». À l'inverse, ajoutait Péguy, « le monde moderne tout entier est un monde qui ne pense qu'à ses vieux jours », qui n'a de cesse d'être « dans un futur pour que son présent soit passé », qui s'empresse d'échapper aux exigences présentes afin d'accumuler de la tranquillité future.

Devant l'inconnu et l'imprévu, devant ce siècle incertain qui s'annonce où rien ne nous semble écrit ni annoncé, certains de nos modernes préféreraient savoir, prévoir, attendre. Du coup, ils se rassurent en conjuguant le présent au passé, en se raccrochant aux automatismes du passé, en considérant le présent comme l'acquis de ce passé, son aboutissement, sa résultante, en prenant le présent à l'envers, non pas comme un « présent présent », mais comme un présent figé, fixé, arrêté, inscrit, déterminé, bref « un présent historique » – Péguy toujours. Désemparés face à l'avancée conquérante du libéralisme marchand en son incarnation nord-américaine, surpris par l'avènement d'un monde sans mode d'emploi sur les décombres du communisme réel, égarés devant le surgissement de nouveaux désordres dépourvus de cette lisibilité confortable qu'offrait l'affrontement de deux camps historiquement identifiables, ils s'empressent de se raccrocher aux réflexes d'hier. Par lassitude, fatigue et commodité, ils se refusent à affronter le défi d'engagements nouveaux et d'intelligibilités inédites.

Et c'est ainsi qu'ils en viennent à confondre la Nation et la République, le national-communisme et l'anti-impérialisme, le pouvoir de Slobodan Milosevic et feu le camp progressiste ; à prendre le neuf du présent pour le vieux de l'histoire, les frappes de l'OTAN pour la représentation de la barbarie, le nettoyage ethnique pour une opération de police, l'Europe politique pour la dictature des marchés. À transformer les bourreaux du présent en victimes du passé.

Le présent éprouve et prouve.

À condition de le vouloir fécond. À condition de ne pas le rendre stérile.

On s'en tiendra donc au programme énoncé par Péguy : « Ne pas vouloir être tranquille d'avance. Ne pas anticiper demain. »

C'est bien de notre présent qu'il s'agit ici, celui de la France et de l'Europe, mais aussi celui d'une génération qui doit des comptes au nom d'un passé décevant bien qu'elle le pense « plein d'à présent », pour reprendre une formule de Walter Benjamin. Nos jeunesses ne nous protègent de rien, pas plus que l'origine ou la naissance n'offrent des qualités en héritage. Politiquement, une génération ne fait jamais le compte. Elle se vérifie, se confirme, ou bien se divise, s'affronte. Et ce sont ses actes présents qui font toujours le partage.

2

Petite France

Voici donc un livre qui fâche.

Péguy, Péguy auquel il faut bien vous habituer car je l'ai élu compagnon de ce voyage, Péguy donc revendiquait le droit de « faire des personnalités ». Il voulait dire par là la liberté de cogner, simplement, franchement, ouvertement. De donner « des coups pour de bon, non des coups pour la démonstration ». De fait, il n'y allait pas de main morte, dérapant parfois pour de bon en effet, ne résistant pas à la rage de son style, au point qu'il est facile, pour ceux que son actualité dérange, de le condamner à une peine d'oubli perpétuel en se contentant de rappeler qu'il exécuta de la pire façon Jaurès bien avant son assassinat, le qualifiant de « traître par essence », évoquant « ce nom devenu si bassement ordurier » et l'envoyant sans procès à l'échafaud : « Jaurès dans une charrette, et un roulement de tambour pour couvrir cette grande voix. » Une abondante littérature a beau démontrer que, sous cette violence, gisait un immense chagrin politique, rien n'y fait, la cause est entendue : bon sang, mais c'est bien sûr, Péguy était l'assassin. « Il ignorait totalement la haine », disait pourtant, en 1900, un autre et même Péguy du Jaurès qu'il admirait, parce que « traitées par lui, les affaires du socialisme ne cessaient jamais d'être les affaires de l'humanité »...

« Nouvel an 1971. 1) Il y a du national. 2) Il y a de la haine. » Sorti des geôles boliviennes, le « compagnon-du-Che-Régis-Debray » tente de s'extraire de ce syntagme figé qui l'emprisonnera pour toujours, de se délivrer de son fardeau de mythes et de morts, de rêves évanouis et d'amis disparus, en s'annonçant à lui-même cette découverte : le national et la haine mènent le monde depuis que l'Histoire est humaine. « Absorber ces deux banalités me coûta force contorsions, confesse-t-il dans un des tomes de ses *Mémoires*. Mais y parvient-on jamais ? Si je puis faire à présent un patriote acceptable, j'ai toujours beaucoup de mal avec la haine. » La difficulté, cher Régis, c'est que le national et la haine s'entretiennent volontiers, la définition du Nous entraînant souvent la détestation des Autres.

Mais, sur la haine, nous sommes d'accord : je ne sais pas faire, moi non plus. Politiquement, ce fut d'ailleurs l'une de nos faiblesses : nous n'avons pas su être durs, durs à nous-mêmes, durs aux autres, durs aux ennemis. Les faiseurs d'Histoire et inventeurs de Nouveaux Mondes, petits ou grands, vainqueurs ou vaincus, ont toujours su détester ou, s'ils n'y étaient pas prédisposés, se sont fait violence. On se souvient de Lénine faisant visiter Londres à Trotsky, et ajoutant un « leur » à chaque monument qu'il désignait : leur monde, pas le nôtre ; eux, ce n'est pas nous. On se souvient aussi du dernier texte public de Guevara. *Créer deux, trois… de nombreux Vietnam, voilà le mot d'ordre*, où l'on peut lire ces lignes terribles : « La haine comme facteur de lutte ; la haine intransigeante de l'ennemi, qui pousse au-delà des limites naturelles de l'être humain et en fait une efficace, violente, sélective et froide machine à tuer. » On se souvient moins, car cette image-là n'est pas une icône et fut longtemps un secret d'État, qu'en 1957, le Che imposa son autorité aux Cubains de la Sierra Maestra en exécutant lui-même d'une balle dans la tête le premier supposé « traître » de la rébellion.

J'ai donc tendance à croire que notre faiblesse à l'aune machiavélienne, où seul compte le résultat – le pouvoir conquis ou le mythe acquis –, fut en réalité une force. Du moins si l'on admet que le mouvement compte autant que le but, le rythme de la marche autant que le point d'arrivée, l'éthique des moyens autant que la comptabilité des fins. Mais se refuser à haïr, ce ne devrait pas être s'accommoder de tout. Je le formule prudemment, sans tambour ni trompette, car il faut bien admettre que nous nous sommes longtemps accommodés d'un président dont la mémoire s'arrangeait volontiers de l'État pétainiste et des guerres coloniales, de la fréquentation amicale du collaborateur René Bousquet et de l'exécution capitale du communiste algérois Fernand Yveton. Emprunté à un proverbe espagnol, le fameux « il faut toujours laisser le temps au temps » de François Mitterrand est une philosophie de l'accommodement général, de l'arrangement et de l'habitude. C'est le retour de ce fameux « rien ne fait de mal » attribué à Jaurès, qui mit définitivement en colère Péguy.

Et c'est parce que la France, et l'Europe avec elle, s'y est conformée durant dix longues années, depuis qu'en 1989, au Kosovo déjà, Slobodan Milosevic a réveillé l'eau dormante et fangeuse du national et de la haine, que nous

nous trouvons aujourd'hui face à l'épreuve de cette guerre tardive et nécessaire, à la fois discutable et inévitable, inconséquente et inéluctable. Depuis qu'au nom d'un pays qui se targue d'avoir préempté l'universel dès lors qu'il a inventé les droits de l'homme, Mitterrand recommandait de ne pas « ajouter la guerre à la guerre » et rangeait dans une vieille boîte « balkanique » cette nouvelle barbarie européenne qui bousculait notre confort, le temps, en effet, a fait son œuvre : au bas mot, trois millions de personnes déplacées et deux cent mille disparus, civils pour la plupart, durant les guerres yougoslaves qui ont précédé celle du Kosovo.

Et de cela, de ceux-là, de ces centaines de milliers de morts et de ces millions de déportés, jusqu'à ton voyage en Serbie et au Kosovo, Régis, tu n'as rien dit, rien écrit, rien voulu voir.

« Aux amitiés véritables, il faut de belles cassures », disait encore Péguy.

Respecter l'autre, c'est lui parler vrai et franc. Péguy toujours : « Nos fidélités sont des fidélités dans des bourrasques. » En jouant ainsi au copiste consciencieux, au péguyste appliqué, je sais que je prends le risque de lasser. Mais qu'on me pardonne : les résonances sont trop fortes, trop justes, trop précises. Et puis j'aime que

Péguy, ici, fasse désordre, efface les traces attendues, brouille les pistes obligées. Car il est rétif, le bougre ! Ceux qui ne sont d'accord sur rien sont toujours d'accord sur Péguy. Ceux qui l'apprécient en version tricolore, terre dans le ventre, âme charnelle, race française, patriote martyr, et ceux qui le détestent en version supposée brune, le soupçonnant d'être, pour ces mêmes raisons auxquelles ils ajoutent ses philippiques contre l'Argent, l'une des sources du fascisme à la française, en ont la même lecture. Ils le simplifient, l'anachronisent, l'arrêtent, le figent, l'enferment. Sous leurs divergences, un consensus : ignorer l'autre Péguy qui est pourtant le même, le Péguy anarchiste, libertaire, socialiste révolutionnaire, irrégulier intellectuel, dissident politique.

Ce Péguy donc, notre Péguy de quand le socialisme était jeune homme, même si je crains que l'homme, en l'occurrence, dans cette dureté et cette sécheresse héritées de sa terrible mère rempailleuse, ne m'eût pas été sympathique. Péguy, son ton, son style, son rythme – « Ne me parlez pas de ce que vous dites. Je ne vous demande pas ce que vous dites. Je vous demande comment vous le dites. Cela seul est intéressant. Cela seul m'intéresse. Parlez-moi de comment vous le dites. Cela seul prouve. » Péguy le rebelle, exclu à l'orée du siècle de la jeune « cité socialiste » sur un conflit dont l'enjeu était la liberté de la presse qu'il défendait âprement contre le contrôle que voulait imposer le « parti des autoritaires ». Péguy auquel Lucien Herr, l'âme de l'École normale, l'ami de Jaurès, l'inventeur du beau titre de son journal, *L'Humanité*, lança, comme s'il s'agissait d'une injure : « Vous êtes un anarchiste ! Nous marcherons contre vous de toutes nos forces ! »

Frappé au cœur, Péguy s'en alla fonder ses *Cahiers de la quinzaine* pour dire « tristement la vérité triste », contre les mensonges d'État ou de parti. Quant à ses détracteurs, il ne cessera d'opposer à leurs fidélités conciliantes sa fidélité exigeante. Ses colères étaient fidèles, terriblement fidèles, obligeant ceux qui en étaient l'objet à se souvenir de ce qu'ils avaient été. Herr par exemple, « devenu totalement étranger à ce qu'il fut », « mauvais élève, élève infidèle du Herr que nous avons connu », tandis que « nous-mêmes, nous sommes les bons élèves, fidèles, du Herr primordial ». Herr pris au piège de l'image que s'en faisait Péguy, tout comme je crains, Régis, que tu ne doives affronter le souvenir que nous avons de toi.

Je dois avouer que, d'ordinaire, j'ai plus de souplesse. Il n'empêche : la fidélité à un ami et la fidélité à une conviction ont les mêmes servitudes. Je ne ferai donc pas de personnalités, mais m'en tiendrai à cette rude cordialité, à ces « mots de travail, mots d'atelier » que revendiquait Péguy dans sa querelle avec Daniel Halévy sur la mémoire dreyfusarde. Curieusement, l'époque n'est plus à ces joutes brutales mais loyales, honnêtes parce que véridiques. C'est plutôt la mode du pas vu, pas pris : on cogne et on décampe. Des intellectuels, et non des moindres, l'ont théorisée : débattre, c'est se compromettre, tomber dans un piège, aller à Canossa. Le conflit, la contradiction, la polémique ne seraient qu'une ruse diabolique du système, et non pas la condition vivante d'un espace public démocratique. On a même pu lire, sous la plume d'un pourfendeur assermenté de la « pensée unique », Serge Halimi, que nous vivions sous l'« absolutisme » de débats « médiatiquement corrects », « expression aboutie du néototalitarisme qu'on appelle démocratie de marché » !

À pensée unique, pensée unique et demie : je te combats en t'ignorant, à l'abri d'une superbe solitude où je n'entends que mon écho et ne vois que mon image. C'est ainsi que nous vivons de curieux temps, de révision et d'inversion, de mensonges et d'impostures, où les mots sont vidés de toute vérité, où la liberté d'expression devient une « dictature quotidienne », où la démocratie se dévoile en « néototalitarisme ».

C'est ainsi, surtout, que la contestation de l'ordre se rêve en ordre de rechange, avec parole d'autorité, magistère des maîtres et discipline des idées. Quant aux cancres, c'est-à-dire, cela va de soi, les journalistes, toujours prompts à animer la classe, ils n'ont qu'à bien se tenir.

Or il en va de la polémique comme de la boxe. Quand on donne des coups, il faut accepter d'en recevoir. Pour monter sur le ring, il faut d'abord avoir appris à encaisser. Ou bien, et cela se défend, décider de ne pas y monter, de ne pas en être, de bouder le match. Sinon, comme dirait l'ami Péguy, c'est que l'on veut jouer « sur les deux tables », être gagnant à tous les coups, frapper et ne jamais être frappé.

Je crains que cette règle du jeu ne convienne pas à Régis Debray et à ses amis nationaux-républicains, à voir l'idée que se fait du débat leur refuge hebdomadaire, *Marianne*. Chaque lundi, on y décrète que qui ne pense pas pareil est immanquablement un terroriste intellectuel, un lyncheur médiatique, un politiquement correct, un penseur unique, un raciste retourné, un policier de la pensée, et j'en passe. On ne discute plus, on disqualifie par avance. Cette façon de ne pas débattre au nom, évidemment, du « débat d'idées » me fait irrésistiblement penser à cet « esprit réduit à l'état de gramophone » qu'évoquait George Orwell, en 1945, dans une préface inédite à *La Ferme des animaux*.

« Le remplacement d'une orthodoxie par une autre n'est pas nécessairement un progrès », ajoutait l'auteur de *1984* dans un *understatement* tout britannique, imaginant un temps où les staliniens, leurs excommunications et leur bien-pensance survivraient au stalinisme. Et d'énoncer cette mise en garde : « Parler de liberté n'a de sens qu'à condition que ce soit la liberté de dire aux gens ce qu'ils n'ont pas envie d'entendre. » En des temps soviétisés, de glaciation politique et d'asservissement intellectuel, cette élémentaire recommandation orwellienne dérangeait à ce point la gauche officielle que la préface, refusée par l'éditeur de 1945, n'a été publiée que cinquante ans plus tard !

N'oublions jamais ce que le communisme de pouvoir a fait au communisme d'idéal. N'oublions pas d'où nous revenons. Méfions-nous de nous-mêmes.

L'agresseur, c'est forcément l'autre. Cette posture de la victime, de la dissidence, du minoritaire, est une autre façon de déserter le conflit, de refuser l'affrontement, bref de mourir en paix. Je crains, Régis, que tu ne l'affectionnes.

Tu t'es toujours campé en marginal, franc-tireur de la pensée, voltigeur de la politique. Or, loin d'être un irrégulier, tu es un orthodoxe. Un orthodoxe certes déçu, et immensément malheureux d'être contraint de se l'avouer. Mais un orthodoxe orphelin qui, loin d'apostasier ou de se laïciser, reste profondément croyant, en quête pathétique de foi et d'Église. Je n'invente rien. Dans une belle préface aux *Carnets* de Victor Serge, ce merveilleux et rigoureux trotsko-libertaire, tu le confesses en parlant de toi à la troisième personne : « Victor Serge croyait savoir, mais Régis Debray sait qu'il croyait ? Non. R. D. croit savoir qu'il faut croire, parce qu'on ne peut pas faire autrement. »

Qui dit croyance dit Dieu, apôtres, clergé. Aussi, chez toi, l'engagement a-t-il toujours supposé le « grand homme ». Tu n'as jamais découvert la base que depuis le sommet : d'emblée repéré par Castro pour un article des *Temps modernes* ; écouté par Allende après ta sortie de prison ; adoubé par le Mitterrand de l'union de la gauche qui t'emmènera au plus haut, faisant de toi l'un de ses conseillers à la présidence. Évidemment, tu avais entre-temps définitivement gagné tes galons au feu, et ce n'est pas une image : les balles qui claquent (et qui « ne sifflent pas », précises-tu non sans coquetterie dans *Les Masques*), la vie mise en péril, le courage après l'arrestation, les années de prison. Auprès de notre génération, cela te vaut un capital de respect inépuisable. Mais c'est sans doute aussi pour toi une autre forme de prison, difficile à vivre : « bons élèves » de ce Debray « primordial », au sens de Péguy à propos de Herr, nous t'en disputons les intérêts.

La fraternité militante des anonymes ne fut donc pas ton école. Quand tu évoques le militant de base, pardonne-moi, c'est avec une légère pointe de condescendance bourgeoise pour le peuple, admirable, dévoué – forcément admirable et dévoué. Tu ne l'imagines pas tempêtant, discutailleur, querelleur, bagarreur, indocile, autonome, rêveur. Ou quand tu le découvres tel, tu ne le reconnais plus, il t'effraie. Fût-elle révolutionnaire ou républicaine, la politique, telle que tu la théorises en prenant l'éternité machiavélienne pour la pierre philosophale, ce ne peut être qu'un chef menant la masse. Or ton problème, ton chagrin inconsolable, c'est que les chefs ne furent pas à la hauteur. Tu l'as confessé, dans *Loués soient nos seigneurs*, avec ce masochisme narcissique que tu affectionnes : « J'appartiens à une génération de série B, condamné par un blanc de l'Histoire au pastiche des destins hors série qui nous ont précédés, raflant les premiers choix et nous laissant les doublures : sous-Blum, sous-de Gaulle, sous-Malraux, sous-Bernanos, sous-Camus, sous-n'importe qui. »

Ce constat nostalgique, qui t'amène à relire l'Histoire à l'envers, n'est pas dénué d'orgueil. Il en est même bouffi, tu l'as dit toi-même dans un entretien en mars 1998 : « C'est sans doute un narcissisme renversé, une sorte d'orgueil au carré. [...] Quand je me considère, je m'attriste ; quand je me compare, je me réconforte. » La cause est entendue : Castro et Mitterrand ne te méritaient pas. Oserai-je t'avouer que j'y décèle une ruse d'intellectuel ayant toujours des milliers de mots en réserve pour ne pas dire, tout simplement : j'ai fait fausse route, je me suis trompé ? Je n'ai pas le cœur à insister : tu es loin d'être le seul à inscrire un cheminement rectiligne en lieu et place d'adaptations successives. Mais, dans ce registre, tu es probablement le plus constant, le plus obstiné. Donc, les monarques sont déchus. Tardivement certes, quand la messe avait déjà été dite par d'autres, mais bel et bien déchus. Restent alors les connétables. Jean-Pierre Chevènement, sans lequel l'ancien ministre de l'Intérieur pendant la guerre d'Algérie n'aurait jamais pu réussir son OPA sur le Parti socialiste, est de cette espèce : rectiligne, tranché, discipliné. Prêtre d'une foi républicaine rassurante parce qu'elle sauve l'immuable quand l'incertain menace, il sera, il est ton élu.

Ta politique est donc d'État et de chefs d'État. C'est-à-dire aussi de raison d'État, et tu l'assumes. Après avoir lu *La Part d'ombre*, mon voyage dans les coulisses du mitterrandisme, tu m'as fait ce seul commentaire : « Le problème, ce n'est pas qu'il y ait eu une part d'ombre, mais que cette part d'ombre n'ait été au service d'aucune part de lumière. » D'avoir déserté la salle à manger ne t'avait pas transformé en critique culinaire : peu t'importaient les méthodes du cuisinier tant que les plats étaient à ton goût. Pour ma part, je continue de penser que la qualité des recettes fait l'attrait des menus. Tu ne t'es jamais départi de cette vision traditionnelle du politique, vécu dans la dissociation des moyens et des fins, où seul compte le résultat obtenu ; de cette éternité politicienne dont Péguy, déjà, disait qu'elle était « une immorale d'État ». Elle t'amènera d'ailleurs, par le détour de l'Élysée et du fait du prince, au Conseil d'État que tu quitteras, bravache, mettant tes actes en accord avec tes convictions, en reprenant la même antienne : vous ne me méritez pas. Je cite ta lettre de démission du 28 décembre 1992 : « Le Conseil d'État est un lieu d'excellence. Encore faudrait-il qu'il y ait un État à conseiller.

À quoi sert de servir quelque chose qui ne sert plus ? Pourquoi soigner un corps dont l'âme s'éteint ? De l'État républicain, celui qui survit bon an mal an sous nos yeux, ayant déserté ses propres principes et finalités, n'a plus que les apparences. »

Cependant, durant tout ce temps, l'essentiel fut d'un autre ordre : ton œuvre, considérable. Récit multiforme d'une infinie déception politique, tournant beaucoup autour de toi-même, cachant sous un narcissisme inquiet une secrète part d'enfance, elle fait déjà partie de notre patrimoine. Tu vis, tu respires, tu aimes, tu détestes par la plume, avec ce talent redoutable et enviable des normaliens pour esquiver par l'agilité des mots les difficultés, problèmes et obstacles. À ce jour, pas moins de trente-trois livres en trente-deux ans. Publiés chez les meilleurs éditeurs de la place et, pour les principaux, chez le plus distingué d'entre eux, Gallimard. Sans compter, au surplus, l'invention d'une nouvelle discipline, la médiologie, promue par une fort belle revue que tu diriges, également chez Gallimard, *Les Cahiers de médiologie*, bien moins austère que les cahiers de Péguy. Toutefois, jalousé par les mesquins, tu n'en as pas reçu la reconnaissance académique que tu espérais, même si ta soutenance de thèse sur travaux en Sorbonne fut un événement parisien très couru. Il est vrai que tu as eu l'honnêteté de laisser entrevoir tes doutes sur ton invention en publiant, dans ta revue, en 1998, un échange avec Daniel Bougnoux, son rédacteur en chef, où cet universitaire t'écrivait : « Ton, ou notre, problème est de franchir le saut entre ton œuvre, considérable et pour moi réellement stimulante, et une encore à venir médiologie. Il est de bonne guerre – ou de *wishful thinking* – d'écrire dans ce Cahier que la médiologie dit, pense, démontre que... Nous ventriloquons un fantôme, ou nous faisons la grosse voix. »

Mais ce n'est pas une raison suffisante pour être boudé par l'Université : bien d'autres savoirs enseignés sont encore en friche. Cependant, cette indifférence à ton égard du « parti intellectuel » universitaire, qui n'est pas sans te rappeler le sort de Péguy posté dans sa casemate face à une Sorbonne hautaine, a sans doute conforté chez toi cette certitude bougonne d'être méconnu et incompris. En vérité, tu ne boudes pas toujours les honneurs, mais tu aimerais les choisir et qu'ils viennent d'eux-mêmes à toi – l'orgueil toujours. Après tout, il n'y a pas de mal : même Péguy l'ombrageux vivait en quête douloureuse de reconnaissance, au point d'espérer de toute son âme un geste, un prix au moins, de l'Académie française. De fait, en 1998, sous les lambris de la République, tu reçus le consensuel Prix du livre politique, remis par le président de l'Assemblée nationale, Laurent Fabius.

Non, tu n'es pas ignoré. Ta présence régulière dans la presse ne conduit-elle pas les tenants de la réserve hautaine et de la littérature grise à te ranger, à ton grand dam, parmi nos intellectuels médiatiques ? Il est loin ce temps où, dans cette posture distante qui ne t'a pas quitté, tu pouvais laisser écrire, en 1980, au dos d'un recueil de tes articles, *L'Espérance au purgatoire* : « Dans le domaine du journalisme, Régis Debray, resté fidèle à tous ses choix politiques, écrit là où il peut. Donc peu. » Aujourd'hui, tu peux partout, y compris dans *Le Figaro Magazine* où, en février 1999, à la question « Que dit le médiologue de Dieu ? », tu livrais cette réponse qui m'a laissé pantois : « L'Église catholique est la plus vieille institution de notre monde, prouvant ainsi son esprit d'organisation et sa capacité à maintenir une structure stable à travers toutes les révolutions, notamment techniques et sociales. Il y a là une belle leçon de réalisme politique. »

Dans nos médias, tu es donc partout le bienvenu, et c'est normal : tu comptes et, par-dessus tout, tu as du talent. La télévision n'est certes pas ton médium préféré, mais on t'y voit aussi, selon ton bon vouloir. Quel autre intellectuel tenant du débat public, de sa nécessité et de sa pertinence, pourrait rêver d'obtenir l'impact médiatique de ta « Lettre d'un voyageur au président de la République », après sa parution dans *Le Monde* ? Télévisions, radios, journaux, tous furent au rendez-vous, plusieurs jours durant. Je serais le plus mal placé pour t'en faire le reproche. Non, si j'insiste tant sur ta notoriété, ses ramifications et ses assises dont l'analyse n'aurait pas dépareillé ton *Pouvoir intellectuel en France* (1979), ce n'est aucunement pour te juger. Mais pour te discuter à cette aune : ce que tu écris, ce que tu dis, ce que tu fais pèse de ce poids-là, qui est lourd.

Je ne te considère pas comme un artiste naïf qui ne saurait pas toujours ce qu'il fait – médiocre, le compliment serait assassin. Parce que je t'imagine tel une sorte de grand frère générationnel, à la fois compagnon amical et gardien sourcilleux, passionnant ou ennuyeux selon les jours comme nous tous, moins assuré et plus souple que ne le laisse accroire son itinéraire, je te prends très au sérieux ; et te tiens pour responsable de ce que tu écris, dis et fais. C'est donc cette responsabilité que je mets en cause. Politiquement, tant il est vrai que ta curiosité, où qu'elle se dirige, n'a jamais abandonné la ou le politique. Politiquement, et non pas moralement. Car savoir faire le juste tri entre bourreaux et victimes, agresseurs et agressés, dictature et liberté, ne relève pas, à mes yeux, d'un absolu moral, mais d'une contingence politique. Pour le dire autrement, si l'éthique est ici en jeu, c'est parce que la politique est l'enjeu.

Du moins si l'on admet qu'après ce siècle de fer, il nous revient d'inventer une politique en permanente confrontation avec l'éthique, une politique qui entremêle, au lieu de les dissocier, morale de responsabilité et morale de conviction – mais sans doute nos chemins divergent-ils aussi sur cette nécessité-là.

Quoi qu'on en dise, Régis, tu te contredis peu, et c'est heureux.

Prononçant devant la Fondation Marc-Bloch, à l'automne 1998, cette conférence où tu acceptas, selon ton euphémisme, de te « coltiner cette croix, ce "national-républicain" si malséant », tu eus cette formule définitive : « Une nation, petite ou grande, est une affaire de poètes et de soldats. » Sous les mots, j'ai deviné la terre. Limitative, ta liste ne laissait guère place à d'autres interprétations : le soldat défend le territoire que chante le poète. Parfois des valeurs aussi, mais enracinées dans un sol défini, dans l'amour d'un lieu délimité. Si j'avais un doute, le récit enthousiaste que tu fis de ton coup de foudre pour François Mitterrand me l'aurait enlevé. Il fut, écris-tu en ajoutant un « excusez du peu » de précaution, « le médiateur entre la France et son millionième orphelin ». À l'issue d'un meeting à Pau, il te fit découvrir « cette France charnelle et quasi biologique » que tu pensais avoir égarée en Amérique latine. Tu touchais enfin terre, de retour chez toi, au doux pays, sur la terre ancestrale : « Il faut s'expatrier pour apprendre par le corps de quelle patrie l'on est pétri. À l'inverse des paradis, tous perdus, les nations n'existent que retrouvées, et elles ne valent rien si on ne les égare pas en chemin. »

Autant le poser d'emblée : je ne vibre pas de cet amour-là. Pour toi, les lieux d'appartenance sont forcément les lieux de naissance. Pour moi, nous n'appartenons qu'à notre enfance. Non seulement, de l'une à l'autre, les lieux ne coïncident pas forcément, mais surtout ce n'est pas fatalement affaire de terroir. Il est des pays d'enfance, aussi vivaces et tenaces que d'autres, qui sont de l'ordre de la mémoire et du souvenir. Les miens furent d'humanité, non de patrie : jusqu'à l'âge de dix-huit ans, mes paysages se situèrent dans un monde où se donnait à voir l'envers de la grandeur française, ses conquêtes, ses oppressions et ses injustices. De plus, mes engagements de jeunesse m'ont intimement appris que, dans l'interminable errance des opprimés, il fut aussi des peuples sans territoires, des nations sans États, des traditions qui ne se réduisaient pas au culte du lieu et qui n'ont survécu que grâce au Livre : notre trotskysme fut aussi une histoire juive. Bref, on peut être français, de domicile, de langue et de culture, comme nous le sommes, toi et moi, et se sentir d'ailleurs et de nulle part. Cela prédispose, comme le recommandait Péguy, à « regarder la France comme si on n'en était pas » et à découvrir que « l'étrange n'est pas toujours en pays étranger ».

De nos jours, dans ce pays, le nôtre, la France, l'étrange me semble être cette étonnante cohorte que tu parraines, les nationaux-républicains. C'est peu dire qu'elle est vaste et diverse ! On y trouve des gens de droite et d'autres de gauche, des à droite de la droite et des à gauche de la gauche, des communistes et des chevènementistes, des ex-staliniens et des ex-gauchistes, des gaullistes et des villiéristes, voire, depuis peu, des trotsko-républicains... Même s'il est né sans toi, tu n'es pas pour rien dans ce rassemblement. N'avais-tu pas montré la voie en créant ton club d'échange et de réflexion, « Phares et balises », où Jacques Chirac eut l'habileté d'aller puiser cette « fracture sociale » dont il fit, avec succès, un argument électoral ? À l'époque, Lionel Jospin n'avait pas encore changé la donne en s'imposant à la gauche. Tu rêvais donc, avec d'autres, d'une alliance entre républicains des deux rives, imaginant – qui sait ? – un rapprochement Chevènement-Séguin. Le jeu des partis politiques, les rapports sociaux surtout – la grande grève de 1995 passa par là – y mirent bon ordre. Mais l'absence de traduction partisane ne signifie pas le néant, loin de là. Au contraire : depuis que la gauche dite plurielle est aux affaires, les réseaux politiques et intellectuels où se croisent et s'emmêlent nationaux et républicains n'ont jamais été aussi vivaces.

Ce retour en force du national, avec ses théoriciens, ses clubs, ses réseaux et ses partis, dans un arc-en-ciel qui va de l'extrême droite tout entière à quelques franges de l'extrême gauche, en passant par diverses nuances des droites et gauches parlementaires, avec comme dogme commun le refus de construire l'Europe, est une spécificité française. Sur notre continent, seul notre pays offre une telle diffusion politique de l'idée de nation comme point d'ancrage d'un triple combat contre la mondialisation, le libéralisme et l'étranger. Je ne te fais pas l'injure, Régis, de penser que, pour toi, ces trois termes sont équivalents. Mais, dans votre mouvance hétéroclite, ils ne font qu'un pour nombre d'autres qui rassemblent ainsi les marchandises, les idées et les hommes dans une fantasmagorique entreprise d'invasion dont l'issue serait rien de moins que la disparition de la France. Et je vous laisserais volontiers à vos querelles si je ne m'effrayais pas de vous voir – vous, parmi lesquels nombre de personnes estimables – batailler sur le même terrain que notre pire ennemi commun : l'extrême droite.

« Nous ne voulons plus nous accommoder de cette "étrange défaite" qu'on inflige à nouveau à la France. » Tel est l'acte de foi qui, le 2 mars 1998, donna naissance à la Fondation Marc-Bloch. De la reprise du titre de son livre à la récupération de son nom, le choix symbolique du résistant martyr que fut le grand historien est à lui seul tout un programme. Ainsi donc, en cette fin de siècle, la France serait à nouveau vaincue, défaite, humiliée, abaissée, occupée. Et l'Europe serait l'ennemi redoutable sur lequel pèse la responsabilité d'un tel désastre. Surtout quand il s'agit de guerre et de paix, de vie et de mort, de sang et de larmes, il faut y regarder de près avant de s'autoriser à manipuler des symboles aussi lourds et graves. Dans l'appel fondateur de la Fondation Marc-Bloch, non plus que dans ta conférence pourtant sous-titrée « Après l'Europe, la nation ? », il n'y a pas un mot, pas une allusion, pas une incise évoquant cette guerre concrète, ces morts dénombrés, ce sang actuel, ces larmes présentes qui, depuis bientôt dix ans, symbolisent notre vraie défaite : cette guerre, ces morts, ce sang et ces larmes en ex-Yougoslavie, c'est-à-dire chez nous, en Europe. La politique a beau être bonne fille, elle n'excuse pas l'indécence.

Je n'arrive pas à m'y faire : comment, Régis, t'était-il possible en 1998 de gloser interminablement sur le sort de la France et l'avenir de l'Europe sans que cette réalité intervienne, une seule seconde ? Tu évoquais même cette « époque irréelle » dans laquelle nous vivons, en France et en Europe occidentale, caractérisée par l'inexistence de la guerre, cette « douceur des temps » où la guerre est « oubliée ». Ce serait risible si ce n'était pas dramatique. Aussi ton escapade de journaliste pressé en Serbie et au Kosovo ne tombe-t-elle pas du ciel. Elle a, derrière elle, un passé d'indifférence qui était déjà un parti pris. En mai 1994, tu te vantais avantageusement d'être « l'un des derniers à n'avoir pas fait le voyage de Sarajevo », quand la capitale bosniaque était assiégée depuis deux longues années. Et, en 1995, tu n'avais pas plus jugé bon d'« aller y voir » quand, à Srebrenica, huit mille civils bosniaques furent exécutés par les forces serbes, massacre dont témoignent les fosses communes minutieusement fouillées par les agents du Tribunal pénal international. Rien à voir avec un oubli. Plutôt une impasse volontaire. Autrement dit un acte politique, comme tu dirais un acte de foi. C'est être juste, précis, équitable que de placer ton réveil brutal contre l'offensive alliée en face du long sommeil qui l'a précédée.

Oui, tu as l'injustice à géométrie variable, tout comme souvent l'empire américain que tu abhorres. Certes, tu n'as pas, à l'instar de Max Gallo, cosigné avec Charles Pasqua un article-manifeste appelant l'Europe à abandonner le cap « d'une guerre sans issue » et traduisant, dans l'épreuve, les convergences nationales-républicaines, de gauche à droite. Et ton voyage à Belgrade ne fut pas, comme celui de Marie-France Garaud, un soutien explicite à la Serbie. Mais tu les as accompagnés dans leur entreprise d'inversion des termes du débat, où l'agresseur impuni de plusieurs peuples devient une pauvre nation agressée le jour où lui sont enfin demandés des comptes. Peut-être est-ce fait de la moins adéquate ou de la plus mauvaise des manières. Mais, légitime, ce débat-là ne saurait servir de dérobade pour éviter de répondre clairement à cette question primordiale : fallait-il ou non demander enfin des comptes au pouvoir de Belgrade ? Ma réponse, tu le sais, est affirmative, résumée aux premiers jours des frappes par cette formule aussi lucide qu'amère de Pierre Hassner : « Un immense faux pas dans la bonne direction. »

Le national-républicanisme, en ses diverses incarnations politiques, est de l'avis contraire. Radicalement contre l'offensive alliée tout comme il fut radicalement indifférent au sort des Bosniaques et des Kosovars, il juge la direction mauvaise et situe la barbarie du côté du faux pas. Selon les variantes et les nuances, il est clairement proserbe ou franchement pacifiste, dans tous les cas farouchement contre l'OTAN et contre l'UCK. Malgré ces convergences en politique internationale qui devraient faire sens, la famille reste cependant éclatée sur la scène politique nationale. Max Gallo a ainsi refusé ce que Marie-France Garaud a accepté : figurer en troisième place de la liste souverainiste aux européennes de juin 1999, menée par Charles Pasqua et Philippe de Villiers. Le Kosovo a beau les réunir, les « républicains des deux rives » attendront des jours meilleurs, s'ils arrivent jamais.

Pour l'heure, et par-delà sa rhétorique glorieuse, votre auberge nationale-républicaine me semble bigrement accommodante. Ainsi la Fondation Marc-Boch accueille-t-elle parmi ses membres fondateurs certains des proches de Charles Pasqua, mais ne semble guère s'émouvoir de voir figurer sur la liste européenne dudit, en position éligible, le préfet Jean-Charles Marchiani, ci-devant barbouze au verbe expéditif et au geste musclé dont tu m'accorderas qu'il n'avantage guère la République. C'est à mes yeux toute la perversité de votre mélange inédit : il brouille l'horizon, efface les repères, mine les cohérences. Désormais, tous les chats sont gris, s'ils veulent bien se déclarer nationaux et républicains. C'en est fini des contrastes, des clartés, des simples vérités.

Et c'est ainsi que l'apprenti national-républicain Charles Pasqua, interrogé en avril 1999 sur la guerre des Balkans, put affirmer que le Kosovo est « le berceau de la Serbie », avant d'ajouter : « Si l'on voulait nous retirer l'Alsace-Lorraine, quelle serait notre réaction ? » Nous y voilà en effet, Régis : la terre-patrie, le génie des lieux, le symbole des frontières… En retrouvant cette déclaration, je me suis souvenu d'une phrase anodine de ta « Lettre d'un voyageur » qui, pourtant, m'avait fait sursauter. Tu te contentais de signaler que ton séjour fut court, et tu précisais : « Une semaine en Serbie, dont quatre jours au Kosovo… » Le Kosovo, c'est la Serbie : c'était écrit comme en passant, alors que, dans cette affaire, c'est l'essentiel.

Accordée par Tito, l'autonomie du Kosovo a été autoritairement supprimée par Milosevic en 1989 ; depuis, les Kosovars, les habitants de culture ou de confession musulmane de cette province qui y sont majoritaires, ont dû subir, dans la fonction publique, l'éducation, les services collectifs, un véritable apartheid dont la réalité n'est pas niable ; pacifiquement, sans violence aucune, malgré les brimades et les agressions, ils ont résisté et patienté en revendiquant le droit pour les habitants du Kosovo d'être maîtres de leur destin, jusqu'à ce qu'en 1998, les premières actions armées de l'UCK donnent corps à une revendication d'indépendance. Autonomie ou indépendance, chacun est libre d'avoir son avis sur la meilleure solution pour la stabilité des Balkans ; de même que chacun a le droit de penser que l'offensive de l'OTAN facilite ou complique la situation. Tant que le débat reste sur ce terrain, il ne met pas en jeu l'essentiel : le droit à l'autodétermination des Kosovars. Que l'on approuve ou que l'on réprouve l'offensive alliée, son efficacité sera jugée à ce résultat-là : permettra-t-elle à tous les habitants du Kosovo, y compris aux centaines de milliers de réfugiés déportés aux frontières, de choisir sur leur terre, librement et démocratiquement, l'avenir qu'ils souhaitent ?

Or, Régis, avant même d'écrire une seule de tes « choses vues » dont tu glorifiais d'avance l'objectivité, ta plume avait inconsciemment répondu pour toi : « Une semaine en Serbie, dont quatre jours au Kosovo… » Acceptant de jouer au touriste sans histoire ni passé, tu avalisais ainsi en une phrase banale la mythologie politiquement construite, idéologiquement fabriquée, sur laquelle Milosevic a bâti son pouvoir : le Kosovo, berceau serbe à reconquérir, symbole de la défaite hier, de la revanche aujourd'hui. De plus – et ce n'est pas forcément cohérent –, afin de mieux ramener la situation kosovare à du déjà-vu, donc à de l'ordinaire et à du rassurant, tu n'as cessé de la comparer à notre guerre d'Algérie, devenue bizarrement au passage une « guerre civile » et non plus une « guerre d'indépendance ». Dois-je en conclure que, pour toi, l'Algérie, c'était la France ? Aurais-tu écrit, en 1959, cette phrase : « De retour d'une semaine en France, dont quatre jours en Algérie » ?

C'est ainsi qu'à force de prendre à rebours l'histoire, de Gaulle pour le grand homme qu'on a manqué, la nation pour la cause éternelle, la République comme un territoire, on se retrouve corne-cul. À rebours de sa propre histoire.

Quand j'ai lu la comparaison pasquaïenne du Kosovo et de l'Alsace-Lorraine, j'ai pensé au mime Marceau.

Notre trésor national vivant, le plus universel des Français, notre plus célèbre compatriote de par le monde, est né à Strasbourg, en 1923. Et c'est un homme de silence. D'un silence choisi dans l'immédiat après-guerre quand il créa le personnage de Bip, son double. Or ce silence ne vient pas de nulle part : Marcel Marceau est né juif, son père n'est pas revenu d'Auschwitz et lui-même fut résistant. « Les gens qui revenaient des camps ne pouvaient pas en parler, ne savaient pas comment raconter, confiait-il au *Monde* en 1997. Je m'appelle Mangel, j'ai des origines juives. Peut-être cela a-t-il compté dans le choix du silence, inconsciemment. »

Cette histoire vraie me semble une métaphore de nous-mêmes. Le Français le plus internationalement connu ne parle pas, et il est juif alsacien. Dans son histoire individuelle s'inscrivent à la fois la revanche et le génocide, la folie nationaliste et le crime raciste, d'une guerre mondiale l'autre. Il ne dit mot, comme pour nous dire qu'après tout cela et le reste, au lieu de pleurer la grandeur française perdue, au lieu de s'apitoyer sur notre pauvre nation dans un grand vacarme tricolore, nous ferions bien de nous préoccuper, enfin et à nouveau, de l'humanité. Et qu'un peu de silence serait bienvenu.

C'est alors qu'il me revient qu'un des quartiers du vieux Strasbourg se nomme « Petite France ».

3

Cette peur panique

Il y a, entre nous, Régis, une affaire 68.

Une querelle non vidée. Un cadavre enfoui dans nos placards à mémoire. Un désaccord persistant qui, loin d'être sans lien avec notre dispute d'aujourd'hui, entretient avec elle un rapport entier, flagrant de continuité et de cohérence.

S'agissant de Mai 68, nous avons seulement ceci de commun que nous n'en fûmes pas. Tu passais alors la première de trois longues années entre les quatre murs d'une cellule, à Camiri, Bolivie. Je vécus les événements à distance, en spectateur posté au balcon de l'Algérie indépendante, lisant les nouvelles des journaux et écoutant les flashs des radios. Évidemment, la comparaison s'arrête là : nous ne jouons pas dans la même catégorie. En 68, tu étais un absent fort présent, symbole des causes totales et des risques assumés, incarnation d'un sérieux militant (et militaire) au regard duquel les engagements sans frais estudiantins, germano-pratins et picrocholins, pouvaient, à bon droit, sembler dérisoires. Pour ma part, je ne suis qu'un banal produit de ce printemps trentenaire, rejeton tardif de ses promesses inachevées.

Surtout, ne te méprends pas : je n'ai, ici, aucun patrimoine générationnel à défendre, aucune légende amicale à préserver, aucun héritage personnel à faire fructifier. Je ne sais si tu t'en es aperçu, mais c'est un fait : je suis souvent en retard. Et, en 68, j'ai loupé le rendez-vous. Mais il est des retards apparents qui sont d'exactes ponctualités : une façon de venir à temps, de choisir et de vouloir son temps. Car ce qui, sur cette affaire, nous rend irréconciliables n'est pas une bataille du souvenir, une commémoration morte, une remémoration froide. L'enjeu est de mémoire vivante, de passé présent, de présence et d'exigence du passé.

Ta détestation de 68, de l'événement et de ses suites, est ancienne et constante. Depuis ta *Modeste contribution aux discours et cérémonies officielles du dixième anniversaire* (1978), dont la verve et le mordant n'ont pas vieilli, tu n'as jamais varié : 1968 te semble l'année horrible, noire et sombre, de ce siècle, l'année du mauvais tournant, de la détestable bifurcation, de l'affaissement général des politiques et des valeurs, le symbole des abaissements et des reniements. « Mai 68, écrivais-tu, est le berceau de la nouvelle société bourgeoise. [...] La Ve République venue à maturité et celles qui suivront pourront, l'informatique et la hausse de la productivité aidant, déclarer le mois de mai férié. La république bourgeoise avait fêté dans la prise de la Bastille sa naissance, elle fêtera un jour sa renaissance dans la prise de parole de 1968. Ce n'est pas là folklore ou fétichisme, mais, pour l'Occident moderne en entier, le paradigme de légitimité enfin trouvé : son idéal réalisé, futur sublimé en légende. »

Autant l'avouer, tu as gagné. Trente ans après, ta lecture de Mai est devenue la vulgate dominante. L'introuvable révolution n'aurait été qu'une ruse de l'histoire, donnant au capitalisme ce bain de jouvence dont il récolte aujourd'hui les fruits, dominateur et sûr de lui. Les libertaires auraient donné la main aux libéraux, réhabilitant le pouvoir de la marchandise dans l'impératif du laisser-faire et du laisser-dire. Nul discours n'est aujourd'hui mieux porté, à droite comme à gauche, pour s'en réjouir ou s'en désoler. Mai n'aurait été qu'un non-événement, qu'un charivari de transition, qu'un immense bizutage sociétal. En 68, rien ne se serait vraiment passé, rien d'autre qu'une vaine imagination se rêvant au pouvoir. Et après 68, tout serait réellement passé, tout ce que les émeutiers et les grévistes pensaient interrompre, enrayer, entraver. Les choses sérieuses auraient repris leur cours sérieux, entre gens sérieux.

Mais alors pourquoi cette haine persistante de Mai ? Pourquoi ce qui est censé ne pas avoir eu lieu dérange-t-il à ce point ? Pourquoi cette violence à fleur de conscience qu'a réveillée, en 1998, le simple retour de Daniel Cohn-Bendit sur la scène politique française ? Pourquoi la seule présence de celui qui, historiquement, incarne la révolte étudiante provoque-t-elle ces réactions d'excessive virulence, cette dénonciation douteuse par Jean-Pierre Chevènement d'un « représentant des élites mondialisées », incarnation de « l'anarchisme mercantiliste » ? Un « Allemand » qui plus est, s'empresse-t-on de rappeler, l'exactitude formelle de la précision n'excusant en rien ce qu'elle a d'insidieux dans ce contexte, à l'instar de l'« anarchiste allemand » dénoncé par Georges Marchais en Mai 68 et dont des milliers de manifestants comprirent spontanément l'imaginaire enfoui, en répliquant : « Nous sommes tous des Juifs allemands ! »

Pourquoi ? Parce que le cadavre bouge encore et que les croque-morts n'ont pas l'âme en paix. Car ce récit de 68 dont tu t'es fait, Régis, le héraut est une fiction. Une révision méticuleuse, un mensonge construit. Un nouvel avatar de l'éternel récit des vainqueurs. Il fallait que les vaincus fussent doublement vaincus : défaits et traîtres, impuissants et imposteurs, pitoyables et lâches. Il ne fallait pas seulement proclamer qu'ils avaient sciemment voulu et savamment préparé leur défaite en introduisant l'ennemi dans la place. Il fallait de plus les priver de leur histoire, imposer un récit historique qui efface jusqu'à leurs propres souvenirs, qui les rende secrètement honteux de leur mémoire.

Car, sincèrement, à qui feras-tu croire que les sacrifices des millions d'employés et d'ouvriers grévistes en mai-juin 68 se ramènent à la même « divine surprise que fut l'an quarante pour Maurras », page 85 de ta *Modeste contribution* ? Que la réalité tangible du plus ample mouvement social que la France ait jamais connu se réduise à quelques retournements de veste, repentances et contritions, complaisamment montés en épingle ? Que cette conjonction inédite, unique en son genre, d'une révolte de la jeunesse et d'une grève générale ne fut qu'une étape dans l'inéluctable « marche vers la normalisation », l'invention de « la voie française vers l'Amérique » (page 39) ? Que tout ce qui fut alors mis en jeu et en péril, dans des vies concrètes, à l'usine comme à l'université, au syndicat comme au parti, au sein des citadelles familiales tout comme entre hommes et femmes, dans la pratique quotidienne comme dans la pensée et la culture, dans les façons d'être soi et de vivre l'autre, cette vigilance inépuisable à l'injustice et à l'oppression, du monde carcéral au sort des immigrés, cette infinie curiosité du monde et de sa diversité, que cet extraordinaire élan qui nous fit ce que nous sommes, oui, que ce mouvement-là ne fut à lui-même que « sa propre fin, comme le langage pour le poète ou le jeu pour le joueur » (page 27) ? Que la résonance universelle de cette année sans pareille parmi les jeunesses du monde, de Mexico à Prague, de Berlin à Varsovie, atteignant jusqu'à celles qui vivaient encasernées et enrégimentées sous la chape de plomb du communisme réel, dans un ébranlement annonciateur de son effondrement en 1989, que cette onde de choc, loin d'incarner le désir de transformer le monde, ne fut que la basse envie « de jouir du spectacle de son désarroi » (page 88) ?

J'allais l'oublier : s'il n'y a pour toi que du national et de la haine, il ne saurait y avoir du social et de l'international, du fraternel et du cosmopolite. C'est donc en vain que je m'époumone : à l'aune qui est la tienne, seul compte le réel que tu as préalablement choisi, élu et reconnu. Tu crains l'inédit, l'inattendu, l'inconnu. Ce qui sort du cadre doit y rentrer, à grands coups de mots bien frappés. Et c'est ainsi que tu t'es raconté un 68 qui t'arrange pour chasser celui qui te dérange. Il t'importait, il vous importe toujours, d'évacuer la promesse de Mai. Je te l'accorde volontiers : elle n'est pas si transparente. Ni discours unique, ni sens unique, ce moment-là n'est aucunement un bloc, à prendre ou à laisser. Il a aussi charrié le pire, le dogmatisme intellectuel, la pensée autoritaire, le culte de la violence, la sacralisation populiste, l'amour des certitudes et des guides, soleil rouge et prolétariat élu. Il m'amuse d'ailleurs de voir, ici et là, les tenants de ce Mai autoritaire et, en effet, aucunement libertaire, rejoindre en vieillissant, plus que d'autres, les anciennes croyances que réhabilitent tes amis nationaux-républicains, ce culte rassurant du national et de l'étatiste, de l'ordre et du territoire, du vertical et du disciplinaire.

C'est l'autre Mai qui te chiffonne, et celui-là, nous ne te laisserons pas l'effacer de nos mémoires. Le Mai humaniste, libertaire et internationaliste. Le Mai qui, loin de s'égarer dans l'idéalisation du social, de la classe ou du peuple, tentait de penser l'autonomie et les médiations du politique. Le Mai qui nous a appris à ne pas soumettre la partie au tout, l'individu au pouvoir, l'homme à l'idée. Le Mai qui nous a enseigné la contradiction et le conflit, la libre dissonance et le droit de tendance, une exigence radicale de démocratie. Un Mai dont nous sommes sortis déniaisés mais fidèles, ayant appris à notre corps défendant qu'il fallait chasser le religieux et laïciser l'espérance, renoncer aux grands fétiches pour sauver l'éternelle inquiétude.

« La première fois sera la meilleure, disait Péguy, parce qu'elle est la moins habituée. » C'est ce fil, Régis, que nous n'entendons pas perdre. Pas à notre bénéfice, car on ne se recommence jamais. Mais pour que d'autres, demain, puissent le tirer. Ne nous mentons pas : nous arrivons à ce moment critique où ce que l'on gagne, c'est aussi ce que l'on perd. Où les âges se partagent et se séparent. Et c'est peut-être la vraie raison de ce livre : réfléchir à comment ne pas perdre, à comment ne pas se perdre. Quand toi, au contraire, tu ne cesses, à longueur de livres et d'articles, de tenir la comptabilité navrée de ce qui serait définitivement perdu – l'école, les maîtres, la discipline, la sécurité, l'autorité, la loi, l'ordre, la grandeur, l'universel, le particulier, la Nation et la République, et j'en oublie certainement...

Nous ne sommes assurément pas des vainqueurs, mais nous pouvons tenter d'être modestement des passeurs. Des passeurs d'un passé qui ne passe pas, d'un passé qui n'est pas passé. D'une promesse qui court toujours, porteuse de possibles et de vigilances. Après tout, rien de ce qui nous entoure aujourd'hui ne dément notre « première fois ». Nous critiquions le pouvoir personnel d'institutions monarchiques, nous défrichions les territoires de l'écologie, nous épousions la cause des femmes, nous revendiquions l'hospitalité pour l'étranger, nous rêvions d'États-Unis socialistes d'Europe, nous défendions le droit élémentaire au travail et au logement, nous discutions de l'autogestion dans l'entreprise, nous faisions de l'antifascisme une valeur cardinale, nous exaltions la vertu en politique, nous imaginions une France ouverte au monde... Tout cela, qu'on le reprenne à la lettre, qu'on l'amende ou qu'on l'approfondisse, n'est-il pas au cœur de notre présent ?

Mais il n'y aurait que cet ordre du jour inaccompli que cela ne suffirait pas. Notre dissidence précoce des unanimismes d'État, des automatismes de parti et des suivismes de classe nous laisse moins orphelins que d'autres, mieux préparés à accueillir l'imprévu, à déchiffrer l'illisible, à appréhender l'énigme que nous lègue un siècle barbare où l'espoir enfanta le désespoir. Le refus du stalinisme nous a tôt appris à ne pas être mécaniquement « campistes », à ne pas situer par réflexe le progrès dans un monde et les regrets dans l'autre, à ne pas croire qu'un pouvoir s'identifiant, par héritage ou idéologie, histoire ou sociologie, à la longue marche des exploités et des opprimés est forcément du côté de l'humanité retrouvée. Et, tu le sais, nous n'avons pas attendu de lire Soljenitsyne pour en être convaincus. Lorsqu'il fut assassiné, en août 1940, par un agent du Guépéou, Léon Trotsky mettait la dernière main à une biographie de Staline, son assassin, où l'on lit cette phrase, peu avant le point final : « “L'État, c'est moi” est presque une formule libérale en comparaison avec les réalités du régime totalitaire de Staline. » Oui, un « État totalitaire », écrivait-il, où Staline peut proclamer : « La Société, c'est moi. »

C'est cela la page blanche de Mai, qu'il nous revient encore de remplir. Tenir les deux bouts, ne pas dissocier le social de l'humanité, le politique de la morale, l'économique du démocratique. Que ce soit compliqué et démesuré, que le risque soit grand de s'accommoder de peu et de se compromettre d'un rien, je n'en disconviens pas. Mais il nous reste des réserves d'énergie, car, sais-tu, Régis, nous n'étions pas découragés d'avance, nous ne nous lamentions pas sur les catastrophes à venir, nous refusions de paraître accablés comme vous autres semblez l'affectionner, égrenant sans cesse le pire (inéluctable) et le mal (assuré). Non, nous n'étions pas tristes, nous n'étions pas prisonniers de « ce triste État, cet État triste, cet État de tristesse, cet État bien étatiste » – Péguy évidemment, libertaire jusqu'au bout puisque cette phrase musicale fut écrite en 1912.

Je t'entends déjà : que d'illusions ! que d'ignorance ! Je t'imagine me renvoyant, d'un ton sec, à ta *Critique de la raison politique* (1981) où tu nous assenais ton *no future*, dénichant sous notre inconscient politique les « invariants » de la croyance (le religieux) et de l'appartenance (le national). Et, brusquement, j'ai envie de briser là, d'être fruste et d'énoncer cette vérité primaire : avoir à vingt ans l'illusion que l'on peut changer le monde et sauver l'humanité, c'est être en vie ; savoir à vingt ans que le monde est immuable et l'homme un salaud, c'est être déjà mort. Car cet avis de décès que tu nous as prématurément lancé, ralliant à toi tous les victorieux, aussi bien les nouveaux convertis que les anciens croyants, est un appel à dormir tranquille, d'un sommeil de mort que jamais l'événement, dans sa pureté ou son obscurité, ne vient surprendre.

La haine de Mai est donc bavarde. À l'image de l'affolement et de la panique que 68 provoqua chez les tenants de l'ordre établi, parmi lesquels le PCF de l'époque ne fut pas le dernier, elle dit une hantise de ces temps où l'événement surgit et devient – Péguy toujours – « le maître intérieur ». Une peur des incertitudes, des ruptures, des hasards. Une crainte de ce signal qui requiert et appelle, mais dont on ne sait où il nous mènera. Une frayeur de ce brusque coup de sifflet qui nous réveille en sursaut et qui n'est en rien celui, rassurant, de la vieille et illusoire locomotive du progrès, tirant sur ses rails demain à la suite d'hier et d'aujourd'hui, dans un temps linéaire, homogène et vide. L'événement entraîne sans programme, emmène sans confort, promet sans assurance. Il ne garantit pas un sens joué d'avance, pas plus que des lendemains qui assurément chanteront. Il n'offre aucun système de retraite, ni par capitalisation des chances ni par répartition des obéissances, aucune sorte de « système de repos, de tranquillité, de consolidation finale et mortuaire » (Péguy encore).

Il oblige au risque et au pari. Et sans doute est-ce à cette incertitude que tu ne te résous pas.

Le vent de 68 a aussi soufflé au Kosovo.

Comme ailleurs en Yougoslavie, à Ljubljana, Zagreb, Belgrade. Comme presque partout dans le monde. L'historien Eric Hobsbawm, auquel on doit l'image de ce « court XXe siècle » 1914-1989 qui nous laisse sans feuille de route, le rappelait dans des lignes qui te contredisent : « S'il fut un moment dans les années dorées de l'après-guerre où l'on put voir ce soulèvement spontané et international dont rêvaient les révolutionnaires après 1917, ce fut en 1968, quand les étudiants se révoltèrent en Europe occidentale, aux États-Unis et au Mexique comme en Pologne, en Tchécoslovaquie et en Yougoslavie socialistes, stimulés par les événements de Mai 68 à Paris, qui fut l'épicentre d'un soulèvement étudiant sur tout le continent. »

Donc, en 1968, le 27 novembre exactement, des manifestations de masse éclatent au Kosovo.

C'est une révolte du Sud contre le Nord, des laissés-pour-compte contre les nantis du système. Les protestataires ne se réclament pas d'une idéologie nationaliste albanaise. Leurs revendications sont sociales, économiques, culturelles, donc aussi institutionnelles. Ils demandent un statut de république, qui leur permettrait d'améliorer leur sort, en le gérant plus directement eux-mêmes au sein de la RFY, la République fédérale de Yougoslavie. Ils obtiendront en partie gain de cause : le Kosovo ne deviendra pas une république, mais son autonomie sera accrue. En février 1969, elle est étendue à la défense territoriale et à l'indépendance financière et juridique. Puis, en 1974, les articles 2 et 4 de la nouvelle Constitution déclarent le Kosovo partie intégrante de la Fédération yougoslave.

Ce que la rue kosovare avait obtenu de Tito, ses successeurs s'acharneront à le défaire et construiront leur pouvoir sur ces ruines. En réalisant un véritable coup d'État, entrepris avec un attirail que tu connais bien, celui des pronunciamientos latino-américains : l'état de siège. Après la mort du « maréchal », le 4 mai 1980, ils mettront moins de dix ans pour arriver à leurs fins.

Je tiens, ici, à la chronologie. Une chronologie précise et contemporaine. Car, Régis, il ne faut pas trop abuser des séductions de la longue durée chère à l'école historique des *Annales*. Guerres ancestrales, empires disparus, mentalités enracinées, etc. : tout cela est vrai, mais n'épuise pas la vérité du présent. L'histoire a aussi sa déontologie : si elle ne s'accorde pas sur les événements, leurs dates, leur enchaînement, elle tourne à vide, embrouille et égare. Il importe, avant tout, de comprendre comment nous en sommes arrivés là, ce qui n'est tout de même pas rien : au retour en Europe de la guerre, des déportations de populations, des massacres de civils, de la haine de l'autre, de l'ethniquement pur, du pouvoir par le crime, de la négation de l'humanité. Préférer, comme tu l'as fait, l'arrêt sur image au retour en arrière, l'immédiateté des « choses vues » à la mise en perspective de l'histoire vécue, était déjà une façon de ne pas vouloir comprendre, de refuser le risque de devoir comprendre. Et c'est ainsi, hélas, que tu as écrit beaucoup de bêtises. Plus qu'un crime, une faute. Une faute qui t'a rendu aveugle au crime.

Un peu d'histoire événementielle donc, à la manière de nos vieux Malet-Isaac. Un peu de cette « pauvre petite vérité historique », comme disait Jules Isaac qui se désolait que « les humains oublient vite », trop vite. Pour cela au moins, tu ne pourras pas m'en vouloir : être un peu scolaire...

1981 : à Pristina, capitale du Kosovo, manifestations d'étudiants et d'ouvriers en faveur de l'instauration d'une république au sein de la RFY, mais aussi revendications économiques et sociales, parmi lesquelles l'obtention de meilleures conditions de logement et le refus d'un chômage accru pour les jeunes diplômés (et cet aspect-là, Régis, sera tu, l'exacerbation du national servant toujours à évacuer le social). Dénoncées par Belgrade comme « contre-révolutionnaires » (dis-moi, où était la révolution ?), elles sont sévèrement réprimées. Délits d'opinion, peines de prison, internements administratifs auxquels s'ajouteront, en 1982 et en 1984, y compris à l'étranger, des assassinats par la police secrète yougoslave de militants albanais du Kosovo.

1986 : mémorandum de l'Académie serbe des sciences et des arts dénonçant comme antiserbe le découpage des républiques par la Constitution titiste de 1974, affirmant que les Serbes sont victimes d'un « génocide physique, politique, juridique et culturel » au Kosovo et précisant qu'il s'agit de « la plus grande défaite de la Serbie dans les luttes de libération qu'elle a menées », de 1804 jusqu'à l'insurrection de 1941. Un texte éminemment pervers qui recèle, tel le négatif d'une photographie, le programme de la purification ethnique. Il construit en effet le mythe d'un peuple serbe oublié par l'histoire, trahi par ses dirigeants, menacé de « génocide », subissant d'ores et déjà des « crimes », et fait du Kosovo le symbole de cette humiliation qui appelle vengeance et réparation. Il y est ainsi affirmé que, « d'ici une dizaine d'années », si rien n'est fait, le Kosovo sera « ethniquement pur », c'est-à-dire vidé de toute population serbe. La légende d'une « infiltration des Albanais au Kosovo depuis l'Albanie » prendra ainsi corps, imposant une vision fantasmée de la réalité où les Serbes sont les victimes (envahis, colonisés) et les Albanais les bourreaux (envahisseurs, colonisateurs). En ce sens, le Kosovo n'est pas en marge, mais au cœur du drame yougoslave : c'est autour de lui que se construit l'appel guerrier à l'unité des Serbes dispersés au sein de la RFY, à leur regroupement dans un État qui ne serait qu'à eux et où ils ne seraient qu'entre eux, en somme l'illusion meurtrière d'un « espace vital » retrouvé.

1986-1987 : début dans toute la Serbie d'une agitation en faveur des Serbes du Kosovo – qui y représentent 10 % de la population –, au cours de laquelle est affirmée la volonté de revenir sur la Constitution de 1974 ; éviction par Milosevic de ses opposants, modérés ou « insuffisamment serbes », au sein de la Ligue des communistes, le parti encore unique ; destitution d'une série de hauts responsables en Serbie ; Milosevic contrôle désormais le pouvoir au sein de la République. Le Kosovo est au centre de sa propagande qui se traduit, en 1988, à Belgrade – toujours soumise au régime du parti unique et de la télévision unique qui va avec –, par une immense manifestation en soutien de la minorité serbe.

1989 : plus de deux cents intellectuels albanais signent un appel demandant à l'Assemblée de Serbie et à l'opinion publique de Yougoslavie de « ne pas supprimer l'autonomie du Kosovo et de ne pas ruiner les fondements de l'unité nationale » (oui, Régis, de l'unité nationale !). Des centaines de mineurs kosovars occupent les puits des mines pour protester contre les menaces de suppression de l'autonomie et de destitution des dirigeants albanais. L'état d'urgence est décrété au Kosovo, le couvre-feu instauré, des centaines de mineurs grévistes et des dizaines d'intellectuels sont arrêtés, des chars encerclent l'assemblée provinciale, des avions militaires la survolent...

Ce fut une répétition générale de ce que, par la suite, vécurent, stupéfaits, Slovènes, Croates et Bosniaques : une guerre civile provoquée d'en haut, une armée fédérale, l'armée de tous, payée par tous, se tournant brusquement contre les citoyens qu'elle était censée protéger. Ce fut, surtout, le marchepied de Slobodan Milosevic dans son accession au pouvoir : le 28 juin 1989, devant un million de Serbes réunis pour le 600e anniversaire de la bataille de Kosovo Polje (historique défaite des Serbes face aux Ottomans), il prononce le discours ultranationaliste qui en fera le héros des Serbes, ce peuple, dira-t-il, « que personne n'aura plus le droit de battre ». Il y prononce ces phrases qui annoncent le programme infernal auquel il s'est rigoureusement tenu : « Le mythe du Kosovo avait unifié tout le peuple serbe dispersé à travers la Yougoslavie. [...] Il joue aujourd'hui encore un rôle considérable en ce qui concerne la position du peuple serbe au Kosovo, mais aussi dans toute la Yougoslavie. [...] Aujourd'hui, six cents ans plus tard, nous nous trouvons à nouveau dans les batailles et devant les batailles. Celles-ci ne sont pas avec des armes, bien que cette forme ne soit pas encore à exclure. »

Cinq mois plus tard, le 20 novembre 1989, Slobodan Milosevic est élu président de la Serbie. Puis, le 1er février 1990, l'armée fédérale se déploie au Kosovo. Le 26 juin, Belgrade adopte une loi sur « l'activité des organes de la République dans des circonstances exceptionnelles », entraînant le licenciement des directeurs et cadres albanais des entreprises, institutions culturelles et administratives, et de la plupart des écoles, y compris l'université. Le 5 juillet, la Serbie suspend par un décret-loi le Parlement et le gouvernement du Kosovo : c'en est fini de l'autonomie et de toutes les institutions qui l'accompagnaient, législatives, exécutives et judiciaires. La police occupe le bâtiment de la radio-télévision, tandis que la campagne de licenciement en masse du personnel albanais s'étend. Le 7 août, le quotidien de langue albanaise est autoritairement suspendu. Le 1er septembre, la fermeture des écoles albanophones commence. Et pourtant, dans son infinie patience, le Parlement du Kosovo, convoqué dans la clandestinité le 7 septembre 1990, s'il approuve la Constitution de la république du Kosovo, précise qu'il envisage son maintien au sein de la Fédération yougoslave...

Ce sont là des épisodes connus, des dates enregistrées et des actes publics, des événements attestés et incontestés, bref, des faits de manuel d'histoire. Pour la plupart, ils sont recensés par Marie-Françoise Allain et Xavier Galmiche à la fin de leur livre d'entretiens avec Ibrahim

Rugova, publié en 1994 et dont la présentation commence par ces mots : « Depuis treize ans, l'étau se resserre sur le Kosovo. » Nous en sommes aujourd'hui à dix-huit ans, et ce livre-témoin de notre coupable indifférence, tu as dit, Régis, l'avoir emporté lors de ton rapide séjour là-bas. Pourtant, dans ta « Lettre d'un voyageur au président de la République », afin de nous démontrer que Milosevic n'est pas le « dictateur » portraituré par l'OTAN, tu écris ceci : « Il respecte la Constitution yougoslave. »

Dans ta « Lettre » et la polémique qui a suivi sa parution, les « choses vues » – souvent plus entendues que vues – dont tu te prévalais ont fait écran. Du coup, on a moins remarqué les assertions qui les accompagnaient et qui, glissées comme des évidences, n'étaient en fait que des arguments de propagande. Je n'utilise pas ce mot au hasard, par esprit polémique, mais dans son sens exact que tu n'es pas sans connaître et que nous rappelle le *Littré* : « Propagande : 1. Congrégation établie à Rome pour propager la foi. 2. En général, toute institution qui a pour but la propagation d'une croyance religieuse. » En l'espèce, il s'agit bien de nous faire croire que le pouvoir de Milosevic n'a rien de particulier ou d'exceptionnel : pensez donc, « il respecte la Constitution yougoslave » ! Après nous avoir dit, l'air de rien : « Le Kosovo, c'est la Serbie », voici que tu nous proposes, avec la même ingénuité, un Milosevic ne jurant que sur la Loi fondamentale !

Le journalisme, tel que je le conçois, est l'amour des petits faits vrais. Des détails qui font sens. Je te traque donc non pas sur les aspérités de ton récit, mais plutôt sur ses banalités. Elles suffisent à t'accabler. Voyageur pressé ou empressé, inhabituellement mauvais élève pour cause de départ précipité, je préfère croire que tu n'avais pas révisé ton histoire. Car ce Milosevic campé en constitutionnaliste rigoureux n'est qu'un grossier mensonge. En 1989-1990, de l'état de siège dans la province au décret-loi supprimant l'autonomie, de la remise en cause de la Constitution à la tyrannie de la répression, la Serbie a tout simplement annexé le Kosovo, acte qualifié d'arbitraire et d'illégal par le Parlement européen dans plusieurs de ses résolutions. De plus, parmi les lieux communs médiatiques de cette guerre que tu as faits tiens parce qu'ils t'arrangent, il en est un redoutable, si redoutable qu'il justifie l'oubli dramatique du Kosovo lors des accords de Dayton : l'affirmation selon laquelle, institutionnellement, le Kosovo n'a jamais été qu'une « province » de la Serbie. Une province comme nous dirions, chez nous, une région.

Or ce qui fut mis à bas en 1989-1990 par la force, par le diktat des apparatchiks et la violence des militaires, est une réalité tout autre. La Constitution titiste de 1974 stipulait clairement l'égalité des huit entités fédérales – six républiques et deux provinces autonomes. Lesdites provinces avaient les mêmes organes de pouvoir (présidence, gouvernement, parlement, etc.) et les mêmes compétences que les républiques. Leurs représentants participaient à toutes les instances fédérales et y avaient un droit de veto. La seule véritable différence constitutionnelle entre républiques et provinces était que les premières bénéficiaient d'un droit formel à la sécession. On en était loin : les Kosovars revendiquaient une république *au sein* de la RFY. Enfin, les Albanais, troisième peuple yougoslave par le nombre après les Serbes et les Croates, loin d'être tenus pour une « minorité » par la Constitution de 1974, y étaient reconnus comme une « nationalité ». Tout le travail idéologique de l'appareil politique et militaire communiste converti au nationalisme par réflexe de survie fut d'imposer par la terreur ce mensonge : les Albanais du Kosovo ne sont pas un peuple, mais une minorité installée en Serbie, dont le Kosovo est la terre sacrée. Ou plutôt des étrangers qu'il faudra bien, un jour ou l'autre, chasser de Serbie, c'est-à-dire du Kosovo.

C'est bien ce programme qui a été réalisé depuis 1990. Exactement, précisément, conformément. Certes en partie seulement, mais tu m'accorderas que c'est une maigre consolation. Après avoir construit le mythe (le mémorandum), créé le conflit (l'état de siège), imposé le sauveur (Milosevic élu), il y eut d'abord un nettoyage ethnique des institutions, puis un système d'apartheid et enfin, à partir de 1998, un nettoyage ethnique du territoire. Les Albanais du Kosovo, les Kosovars de culture et/ou de religion musulmanes, furent d'abord exclus de la vie publique, puis confinés dans une société parallèle, et enfin déportés hors de leur pays.

Pas tous, me diras-tu ; mais en assez grand nombre pour que nous n'ayons pas, ni toi ni moi, l'âme tranquille.

« Avec nous, pas d'incertitudes. » C'est sur ce slogan qu'en décembre 1990, Milosevic a remporté les premières élections libres en Serbie sous les couleurs du « socialisme », le Parti socialiste serbe ayant pris le relais de la Ligue des communistes.

Pas d'incertitudes, la fin de l'événement, cette mort des consciences… La formule me rappelle cet aveu de Napoléon, reclus à l'île d'Elbe et y remâchant ses rancunes : « J'ai conjuré le terrible esprit de nouveauté qui parcourait le monde. » « C'est là très certainement du vrai Bonaparte », commentait Chateaubriand qui y voyait la source de l'énergie de cet empereur dont nous avons hérité notre détestable culte de la grandeur française : cette énergie, commentait-il, « était de son temps, elle venait de l'inspiration révolutionnaire qui s'affaiblit dans Bonaparte, parce qu'il marchait à l'inverse de cette inspiration. » À l'inverse, en effet.

La vérité, c'est que Milosevic nous contraint à accepter l'incertitude. À vivre dans l'incertitude de l'après, démunis de nos repères habituels et de nos certitudes passées. Et à retrouver le fil d'une inspiration nouvelle.

Pour l'heure, partie du Kosovo, son aventure meurtrière y joue aujourd'hui sa dernière carte. Car, dans ta stupéfiante impasse historique, il est une autre réalité que tu n'as pas voulu voir ni entendre, Régis : ce qu'entre-temps cet aller-retour a signifié pour les autres peuples de l'ex-Yougoslavie. Tu es allé en Serbie et au Kosovo comme s'il ne s'était rien passé ailleurs, en Bosnie notamment ; comme si ce qui se jouait à Pristina ne devait pas être vu en ayant à l'esprit ce que les précédentes, mais si proches, guerres yougoslaves nous ont appris ; comme si la catastrophe qui s'est abattue sur le peuple kosovar tombait de nulle part ; comme si elle était réductible à elle-même et à elle seule, entre « guerre civile », comme tu l'écris, et guerre d'Algérie, comme tu le suggères.

Or, voilà : ce ne sont pas l'Allemagne et le Vatican qui sont responsables de l'éclatement de la Yougoslavie parce qu'ils auraient reconnu précipitamment la Slovénie et la Croatie, comme le répand une vision conspiratrice de cette histoire où des mains germaniques et cléricales tireraient les ficelles, mais bien la proclamation publique et l'affirmation en actes des ambitions grand-serbes. Qu'aient été à l'œuvre plusieurs nationalismes, qu'ils le soient même toujours, est une vérité d'évidence. Mais cela ne signifie pas pour autant qu'ils aient été acteurs à équivalence dans la genèse et l'enchaînement du drame. Ce n'est pas à toi que j'apprendrai qu'il est aussi des nationalismes réactifs, de défense et de protection. En 1990, quand il fut arbitrairement mis fin à l'autonomie du Kosovo, les peuples croates et slovènes ont compris qu'ils risquaient d'être à leur tour « kosovarisés » – le terme fut employé. Regrettables ou non, les proclamations d'indépendance, en juin 1991, de ces deux républiques sont une résultante, en aucun cas la cause déterminante. Le point de départ se situe à Belgrade où, après avoir dû faire face en mars 1991 à une manifestation de l'opposition unie, le pouvoir se sauve, s'impose et se renforce par la fuite dans la guerre.

Je suppose que tu te souviens de la suite : la chute de Vukovar, le siège de Sarajevo, le bombardement de Tuzla, le massacre de Srebrenica, etc. Des centaines de milliers de déplacés et des milliers de morts, après, ce fut Dayton, fin 1995, cet accord qui mit un terme aux hostilités en Bosnie et qui oublia d'évoquer le sort du Kosovo. Il était temps que les Serbes s'interrogent : tant de sang versé, tant d'accoutumance au crime, tant d'humanité niée pour quel résultat ? L'« entrée dans l'histoire » qu'on leur avait promise les avait emmenés dans un cul-de-sac : la Grande-Serbie n'était pas au rendez-vous, la paix ressemblait à une défaite, la vie quotidienne était de plus en plus difficile et, logiquement, l'opposition remporta, fin 1996, les élections locales en Serbie, victoire que le pouvoir tenta de lui confisquer – d'où les manifestations, lancées par les étudiants, qui nous apportèrent l'espoir, vite déçu, d'une nouvelle donne. Quelle fut la réaction de Milosevic ? Comme à son habitude, il fit le pari de la guerre pour se survivre à lui-même, et ce fut le retour du Kosovo au centre de son jeu.

En décembre 1997, le chef d'état-major de l'armée yougoslave annonçait une vaste opération militaro-policière au Kosovo. Il y avait évidemment un prétexte : riposter aux attaques des « terroristes » de l'UCK, l'Armée de libération du Kosovo aux origines énigmatiques, dont les premières actions dataient de 1996. Mais l'ampleur de la contre-offensive a vite montré que l'enjeu était plus vaste : retrouver la posture du vainqueur en produisant consciemment le conflit et la guerre. Une guerre, Régis, dont l'instrument solidaire que constituent l'armée, la police et les para-militaires n'a, pour l'heure, vraiment gagné qu'un seul type de batailles : celles menées contre les civils, contre des hommes, des femmes, des enfants, des vieillards qui ont pour seul tort d'être nés et, en l'espèce, nés musulmans.

Nous savons tous ce qui en est résulté : pour la seule année 1998, donc bien avant que les frappes de l'OTAN n'empêchent aucunement la poursuite de ce projet criminel, on estime à près de trois cent mille les Kosovars contraints à l'exil. Jusqu'à leur identité, aux papiers qui l'attestaient, jusqu'à leur passé, aux archives qui en témoignaient, jusqu'à leur mémoire, aux noms albanais que portaient les rues, furent effacés de la terre où ils avaient grandi. Et, Régis, si tu doutes encore que des violences calculées, dosées, planifiées, furent au cœur de cette politique démentielle, retrouve ce numéro d'avril 1999 des *Inrockuptibles* où furent publiées les photos de suppliciés réunies par le Comité de défense des droits de l'homme et des libertés de Pristina, dont plusieurs animateurs ont été assassinés depuis. Elles datent toutes de 1998, et elles montrent, selon les mots de Véronique Nahoum-Grappe, « l'horreur avant l'Horreur », l'horreur d'avant les déportations massives.

Car pour qu'un peuple, qu'une large partie d'un peuple, que des centaines de milliers d'hommes et de femmes acceptent de partir de chez eux sans un mot, de fuir du jour au lendemain sans protester, de s'entasser avec de pauvres baluchons dans des trains, sur des tracteurs ou dans des charrettes, il faut qu'ils aient peur, effroyablement peur. Et cette peur sans nom suppose une terreur préalable, une terreur systématique diffusant une peur épouvantable. D'autres photos en témoignent, celles qu'a prises en secret un photographe indépendant de Pristina, Afrim Hajrullahu. Peut-être as-tu lu son témoignage dans *Libération*, le 22 mai 1999. C'est un récit plat, factuel, sans effet, sur lequel plane l'immense silence d'une ville qui se vide. « Dire un silence : cette gageure met à la roue », écris-tu dans *L'Œil naïf* (1994), éloge de la photo comme artisanat, avant d'ajouter : « Ce qui me fascine, au demeurant, dans une image, c'est tout ce qui en elle fait échec à la parole, son incommunicable. » Il nous reste dès lors à comprendre pourquoi ce qui suit, Régis, te fut en effet « incommunicable » :

« Ma maison se trouve à proximité du centre de Pristina, raconte Afrim Hajrullahu. J'y vivais avec mes parents, mon frère aîné et sa femme, ma plus jeune sœur et un de mes petits frères. Nous étions tous en train de déjeuner, le 31 mars, quand un violent coup a été frappé à la porte. Mon père est allé ouvrir. Des policiers serbes. “Vous avez cinq minutes pour quitter les lieux, n'essayez pas de prendre votre voiture”, a jeté l'un d'eux. Cela faisait deux semaines que nous vivions enfermés dans la maison. Comme tous les habitants de Pristina. Dehors, c'était trop dangereux. La police sillonnait la ville. Il lui arrivait de battre un passant ou de le voler. Sans raison. Nous entendions régulièrement des coups de feu. Alors les gens ne sortaient plus, sauf pour acheter le minimum vital. [...] On sentait que quelque chose allait se passer. Il y avait une grande tension partout.

Quand les bombardements ont commencé, les gens étaient contents. Il se passait quelque chose. Mais Pristina a été peu à peu vidée. De la fenêtre de ma maison, j'ai pu voir les gens quitter la ville de force. Bien sûr, on s'attendait aussi à être chassés. Mais jusqu'au dernier moment, on ne peut pas croire que ce genre de chose va arriver. Et qu'on va quitter sa maison, sa ville, son pays. Nous avons donc préparé nos affaires en cinq minutes. [...] Les policiers nous ont dit d'aller prendre le train. Alors que nous habitions tout près de la gare, ils ont insisté pour nous faire traverser Pristina, ils voulaient que nous voyions les habitants quitter leurs maisons. Je me souviens, j'ai été surpris par ma propre ville. [...] Il y avait des bâtiments en feu, des magasins vidés et saccagés, des voitures calcinées... Je ne savais pas quoi faire : rester ou continuer. Je me suis retourné de nombreuses fois pour voir ce qui arrivait aux autres. Mais dans ces cas-là, on ne peut rien faire, on ne peut aider personne. Tout peut arriver. »

En Europe, de nos jours, sous nos yeux, un pouvoir a donc pu décider d'étouffer lentement, méthodiquement, perversement, un peuple, sa langue, sa culture, ses institutions, son histoire, avant d'entreprendre de le chasser et de l'effacer de sa terre. Non seulement nous n'avons pratiquement rien fait avant ce réveil tardif dont tu t'émeus, mais, si je te suis bien, nous n'aurions rien dû faire parce que la Serbie est un État souverain, que le Kosovo lui appartient et que la Constitution est en règle ? Si, au moins, tu t'étais contenté d'exprimer ce point de vue, discutable mais partagé. Hélas, dans ta « Lettre d'un voyageur au président de la République », tu as fais bien pire, réduisant la déportation programmée d'un peuple à un acte d'autodéfense. Ce sont, affirmes-tu, les « affrontements militaires » entre l'armée serbe et les combattants de l'UCK qui « ont entraîné des fuites de civils avant les bombardements ». C'est, insistes-tu, parce qu'« ils ne pouvaient se battre sur deux fronts » (l'OTAN et l'UCK) que les Serbes auraient « décidé d'évacuer *manu militari* la "cinquième colonne de l'OTAN", sa "force terrestre", c'est-à-dire l'UCK, en particulier dans les villages où elle se confondait dans la population civile ». Une stratégie que tu résumes, après un clin d'œil complice à « l'ancien d'Algérie » qu'est ton interlocuteur, Jacques Chirac, par ces mots, que j'ai jugés indécents : « Vider l'eau du poisson. »

Peu m'importe, au bout du compte, que tu te sois livré à cette révision de notre histoire de bonne ou de mauvaise foi. S'ils font évidemment injure aux victimes, ces mensonges-là font aussi injure à ton intelligence. Je m'interroge donc, Régis : que ne veux-tu pas voir pour accepter de t'aveugler et de te compromettre à ce point ? Et j'émets cette hypothèse : l'événement qui, cette fois, te dérange, c'est la dissolution d'un système totalitaire bâti sur la trahison de nos anciens rêves communs, dissolution dont la catastrophe yougoslave incarne l'envers, la consolidation par la fuite en avant dans la guerre et le crime. « Le peuple serbe a toujours perdu dans la paix ce qu'il a gagné dans les guerres », avait lancé, dès 1987, Dobrica Cosic, académicien et coauteur du mémorandum fatal, grand écrivain yougoslave, un temps président de la Yougoslavie serbo-monténégrine et père spirituel du nationalisme grand-serbe. Un nationalisme, écrit Muhamedin Kullashi, universitaire albanais réfugié en France, qui aura réussi « la transformation de la peur et du malaise réels, provoqués par la crise économique et politique, en une peur névrotique ».

Peur névrotique à laquelle fait écho, ici, cette peur panique de devoir affronter l'événement que constitue l'enfantement du national-communisme, d'un projet totalitaire dont le nationalisme et le communisme sont les ingrédients.

C'est pour la conjurer, cette peur, que tu t'es improvisé journaliste, reporter sans bagages, sans ce passé si présent et cette histoire trop immédiate qui ne t'auraient pas laissé tranquille.

N'ayant pas le goût des catégories étanches et des classements définitifs, je ne discute pas tant la méthode que le résultat. Il arrive qu'un écrivain puisse en remontrer au meilleur des journalistes. François Maspero par exemple, dont tu as sans doute lu l'admirable *Balkans-Transit* (1997) qui commence par ces simples mots : « L'Europe existe, je l'ai rencontrée. » Pendant cinq ans – oui, cinq ans –, il se fit piéton des Balkans, tout à la fois minutieux, méticuleux et lucide. Avec sans cesse à l'esprit cette phrase, entendue dès ses premières rencontres : « Nous sommes ici au cœur de l'Europe. »

Avant de partir, tu aurais dû te souvenir de ce qu'il écrit, pages 224 et 225, alors qu'il arrive à Tetovo, fief des Albanais de Macédoine : « J'avais le nom d'un *hadji*, une autorité morale et politique dont on m'avait dit que je devais absolument le rencontrer. C'était un ami d'Ibrahim Rugova, le leader des Albanais du Kosovo, qui est un personnage clef des Balkans : ce philosophe, professeur à l'université (fermée) de

Pristina, élève en France de Roland Barthes et auteur d'une *Stratégie du sens*, a organisé la résistance passive des Kosovars face au coup de force de Belgrade qui a supprimé le statut de région autonome du Kosovo et privé 90 % de ses habitants de leurs droits civiques au profit de la minorité serbe. Combien de temps cet équilibre instable de l'oppression et de la résistance pourra-t-il encore durer, si l'Europe reste toujours sourde aux appels d'Ibrahim Rugova ? »

Longtemps, nous sommes restés sourds.

Comme bien d'autres avant nous. Comme si nous n'avions rien appris. Il y aura bientôt cent ans qu'en 1900, Péguy s'en lamentait déjà au point d'en être malade, viscéralement malade. Il publia trois *Cahiers de la quinzaine* pour le faire savoir, avec cet entêtement obsessionnel qui n'est qu'à lui, ainsi intitulés : « De la grippe », « Encore de la grippe », « Toujours de la grippe » ! Cette grippe qui le terrassait lui semblait le reflet de l'état du monde. Aussi écrivait-il ceci, que je me dois de citer intégralement : « Il me paraît incontestable que l'humanité présente est malade sérieusement. Le massacre des Arméniens, sur lequel je reviendrai toujours, et qui dure encore, n'est pas seulement le plus grand massacre de ce siècle ; mais il fut et il est sans doute le plus grand massacre des temps modernes, et pour nous rappeler une telle mort collective, il nous faut dans la mémoire de l'humanité, remonter jusqu'aux massacres asiatiques du Moyen Âge. Et l'Europe n'a pas bougé. La France n'a pas bougé. La finance internationale nous tenait. Nous avons édifié là-dessus quelques fortunes littéraires et plusieurs succès oratoires. Pas moi. Ni vous. Ni le peuple. Mais ni le peuple, ni vous, ni moi, nous n'avons bougé. La presse infâme, vendue au Sultan, abrutissait déjà le peuple. Et puis, cause d'abstention plus profonde : l'Europe est malade, la France est malade. Je suis malade. Le monde est malade. »

Ce n'est certes, Régis, qu'une résonance, l'écho lointain de nos douleurs au terme d'un siècle de progrès et de massacres, de progrès dans les massacres. Mais avec Péguy, ce maître d'inquiétude et d'incertitude, on ne sait jamais. Car la référence aux Arméniens nous parle, nous évoque des images connues, nous rappelle des témoignages entendus. Il évoquait les massacres commis à partir de 1894 dans l'Empire ottoman, sans savoir qu'un an après sa mort, en 1914, d'autres suivraient, encore plus systématiques et planifiés. Les preuves en furent rassemblées, pour la première fois, par un Allemand, le pasteur Johannes Lepsius, au lendemain de la Première

Guerre, alors même que l'Allemagne fut l'alliée de la Turquie.

Lisons, contentons-nous de lire et imaginons.

« *Ambassade impériale d'Allemagne. Péra, le 17 juin 1915 :* [...] Les Arméniens frappés d'expulsion sont tenus de quitter leur résidence sur-le-champ ou sous quelques jours, si bien qu'ils sont obligés d'abandonner leurs maisons et la majeure partie de leurs biens [...].

« *Lieutenant-colonel Stange. Erzeroum, le 23 août 1915. Rapport sur la déportation des Arméniens :* [...] Les gens ont été chassés séance tenante de leur maison, de leur ferme ou de leur champ, puis regroupés ; le plus souvent, les gendarmes ne leur ont pas laissé le temps de rassembler et de prendre avec eux le strict nécessaire. Les gendarmes et les soldats de l'escorte se sont emparés de leurs biens, soit en dévalisant ceux qui avaient pu les emporter, soit en allant voler dans les maisons ce qui y était resté. Alors qu'il faisait très mauvais temps à ce moment-là, les déportés ont dû passer la nuit dehors ; en général, il fallait qu'ils donnent aux gendarmes une certaine somme d'argent pour avoir le droit d'aller dans les localités voisines se procurer des vivres ou de l'eau. Des viols ont été commis [...].

« *V. Tyszka, correspondant de presse. Constantinople, le 30 septembre 1915. Mesures prises par les Turcs pour exterminer les Arméniens :* [...] Sur le principe, il est indifférent que le nombre des victimes arméniennes soit supérieur ou non à 500 000. Ce qui est grave, c'est la tranquillité avec laquelle on les persécute, comme si cela allait de soi, et qui témoigne d'une présomption peu commune, d'un esprit de bravade vis-à-vis de toute intervention étrangère. »

Je ne sais ce qui, demain, sera définitivement établi sur l'ampleur et la nature des exactions commises au Kosovo, même si j'en ai quelque idée, comme tout un chacun, à lire les rapports convergents des organisations non gouvernementales et des associations humanitaires. Mais ce que je sais, c'est que ce qui est décrit dans ces dépêches allemandes y ressemble fortement : nous ne sommes pas loin d'admettre, longtemps après, que ce fut un crime contre l'humanité.

4

Le membre fantôme

C'est Trotsky qui, le premier, a diagnostiqué le mal : le « national-communisme ».

Sans doute vais-je te faire sourire, Régis, avec cette trouvaille, mais c'est ainsi : titré « Contre le national-communisme », son article fut publié dans le *Bulletin de l'Opposition*, à la date du 24 septembre 1931, puis diffusé en brochure en Allemagne. On pouvait y lire notamment ceci : « L'infiltration nationaliste dans la pensée communiste a commencé avec le socialisme dans un seul pays de Staline, et maintenant elle donne le communisme national de Thälmann [Ernst Thälmann, chef du KPD, le Parti communiste allemand]. Les idées n'ont pas seulement leur propre logique, mais aussi leurs propres forces explosives, et le manque de scrupules avec lequel le Komintern tente de renchérir sur la démagogie nationaliste de Hitler montre bien le vide spirituel du stalinisme. »

Les moqueurs auront beau être de ton côté, j'assume ce retour aux sources dans ma quête des origines de notre querelle. Rassure-toi : je n'ai aucun « Programme de transition », usagé ou défraîchi, comme tu voudras, à te proposer en guise de viatique. Aucun dogme intouchable. Aucune pensée toute faite. Non, je m'en tiens seulement aux résonances. Disponibles aux rencontres de hasard, les autodidactes du présent ont parfois cet avantage sur les savants du passé de transformer leurs insuffisances en privilèges, s'éclairant volontiers de lumières imprévues. Au risque de l'anachronisme historique et des comparaisons imparfaites, j'avance en marchant, débusquant d'anciennes fulgurances sur le sentier de nos actuelles dissonances. Et, dans cette randonnée, Trotsky l'oublié ne fait pas un mauvais compagnon.

Car notre monde a la mémoire un peu courte. Il fait semblant de ne plus savoir ce que fut jusqu'aux années 1960, jusqu'à la rupture qu'incarne Mai justement, l'ombre portée du totalitarisme dans l'espace public de nos démocraties. Ce qu'il en coûtait, ici même, de penser à contre-courant, en affrontant l'immense coalition des aveuglements de gauche et des accommodements de droite, de la pensée soumise et de la diplomatie compromise. Si la figure de Trotsky survit aux débâcles du siècle, bien que sa descendance n'ait pas manqué de sectaires ou d'opportunistes – les deux espèces pouvant parfois se confondre –, c'est parce que, dans son extrême solitude de prophète hors la loi, il ne cessa de penser contre. Contre le vaste monde de ceux qui souhaitaient se rassurer à bon compte. Contre leur refus de voir venir la catastrophe, cet avènement du nazisme auquel le stalinisme fit la courte échelle. Mais aussi et surtout, tel un hérétique intraitable dressé face à la foule des nouveaux convertis, contre le monde qu'il avait lui-même enfanté.

Rien n'est plus difficile et douloureux que de penser contre soi. Que de confronter sans cesse sa pensée à l'événement et à l'action, aux contradictions du premier et aux déceptions de la seconde. À sa façon impitoyable, Trotsky s'y est risqué. Humainement risqué, avec ce que cela exigeait de dureté envers lui-même et vis-à-vis des siens. « Partir, se battre aux frontières, c'est bien. Mais se battre au cœur de sa maison, se dévorer dans son propre cœur, quel doublement. » C'est du Péguy, bien sûr, du Péguy souffrant de cette déchirure : « Se battre contre l'ennemi ou se battre contre soi-même. Tout est heureux en un certain sens dans la première catégorie, et en un certain sens tout est malheureux dans la deuxième. » À chacun sa boîte à outils. Pour ma part, je bricole avec ce « trotsko-péguysme » d'invention récente, sans diplôme ni passeport, sans visa ni domicile.

Donc, depuis son exil turc de Prinkipo, Trotsky ne cessait de sonner le tocsin. Il avait compris, avant d'autres, avant même la plupart, le désastre que constituait le nazisme pour l'humanité et pour la civilisation. Quand, en Europe, la diplomatie routinière se laissait volontiers endormir, il pronostiquait déjà la « ruée de l'impérialisme allemand sur l'Europe et le monde », au point d'appeler dès 1933 les États-Unis (capitalistes) à se rapprocher de l'URSS (socialiste) pour faire face aux menaces du Japon et de l'Allemagne. Or, non seulement les communistes allemands, soumis à la politique de Moscou, ne mesuraient pas le danger, mais de plus ils jouaient avec ce feu-là, cet incendie qui allait les détruire.

À l'inconscience, ils ajoutaient, dans l'aveuglement d'une foi bardée de certitudes militantes, l'ignominie d'une politique que Trotsky n'hésitait pas à qualifier de « criminelle ». Au national-socialisme, ils opposèrent leur national-communisme. Aux masses galvanisées par Hitler et son « hystérie du désespoir » (Trotsky toujours), ils proposèrent de les rejoindre dans un combat commun contre le « social-fascisme », c'est-à-dire les sociaux-démocrates, promus ennemi principal. En lieu et place d'un front uni des organisations ouvrières contre le nazisme, ils imposèrent leur « front unique avec le fascisme » (Trotsky encore). On vit ainsi nazis et communistes mêler leurs voix dans des votes contre des gouvernements socialistes, des slogans identiques apparaître sur des drapeaux communistes et des drapeaux nazis, des militants nazis rejoindre publiquement le KPD en arguant de l'absence de Juifs au sein de son comité central, et des publicistes staliniens affirmer crânement que « sans une victoire préliminaire sur le social-fascisme, nous ne pouvons pas vaincre le fascisme ».

On vit, hélas, le Parti communiste allemand non seulement surenchérir dans le nationalisme, mais aussi accompagner l'antisémitisme, en le maquillant sous de misérables alibis sociaux. « Les nazis aident le capital juif ! » titrait son journal, la *Rote Fahne*, en 1932, un an avant l'arrivée au pouvoir de Hitler, tandis qu'en septembre 1933, quelques mois après l'incommensurable défaite, le bulletin de la IIIe Internationale publiait à

Moscou une « lettre de Berlin » où l'on pouvait lire ces mots, aussi terribles que dérisoires : « En ce qui concerne l'extermination, les choses ne vont pas trop mal, au moins pour ce qui est des milieux juifs capables de payer. [...] Les Juifs allemands peuvent donc considérer l'avenir avec espoir, dans la mesure où ils ont de l'argent. »

Quant à Trotsky, il n'était à leurs yeux qu'« un fasciste et un contre-révolutionnaire » puisque, tout intransigeant révolutionnaire qu'il se prétendait, il ne cessait de répéter que démocratie et fascisme ne s'équivalaient pas, qu'affirmer le contraire était du « gauchisme vulgaire » et que, pour lutter efficacement contre le fascisme, il était prêt « à passer des accords pratiques avec le diable », voire, ajoutait-il, « avec sa grand-mère » !

L'Histoire n'est jamais une fatalité. Trotsky aurait été entendu que son cours aurait peut-être été différent. Il n'en fut rien et la catastrophe advint, celle-là même qu'il avait prévue dans une sombre prophétie, annonçant, dès décembre 1938, que « la future guerre mondiale » s'accompagnerait de « l'extermination physique des Juifs ». Isolé, traqué, rageant d'impuissance, il voyait l'humanité courir à l'abîme du génocide tandis qu'à Moscou, dans l'indifférence de démocraties dupées par la perverse mise en scène des procès, Staline liquidait son monde.

Injures et calomnies – dont cet « hitléro-trotskysme » en vogue après la Libération – n'effaceront jamais cette lucidité qui restera l'honneur de Trotsky. Une lucidité visionnaire qui, dès 1930, l'amènera à opposer au déchaînement totalitaire du nationalisme la nécessité d'une « nouvelle organisation » de l'Europe, reprenant le mot d'ordre qui avait déjà été le sien pendant la Première Guerre mondiale, contre l'avis de Lénine : les États-Unis d'Europe. Il ajoutait évidemment « socialistes » ou « soviétiques », mais la perspective était bien de mettre fin au « morcellement de l'Europe » qui, écrivait-il, la « menace d'une décadence économique et culturelle totale ».

Oui, Régis, les États-Unis d'Europe contre le national-communisme.

Quel rapport ? me diras-tu.

Quel rapport, autre que de réminiscence, entre la guerre du Kosovo et ce bref cours d'histoire, entre notre présent d'incertitude et ce passé d'évidence ? « Où a-t-on vu l'analyse concrète d'une situation concrète sous la plume d'un trotskyste ? » demandais-tu déjà en 1967 dans *Révolution dans la révolution* ? Peut-être même me suspectes-tu de régler mesquinement de vieux comptes dans ce détour sentimental où je fais acte de gratitude à une tradition qui ne fut pas la tienne. « Au fond, le trotskysme est une métaphysique pavée de bonnes intentions », as-tu en effet écrit dans ce bréviaire castriste où figure pourtant une phrase, la première, qui est un début de réponse : « Nous ne sommes jamais tout à fait contemporains de notre présent. »

Quel rapport, Régis ? Aucun dans la mesure où Belgrade n'est évidemment pas Berlin, ni Milosevic Hitler, tout comme, économiquement et militairement, la Serbie de 1999 n'est assurément pas l'Allemagne de 1939. Mais un rapport total, non d'identification du présent au passé, mais d'intelligibilité et d'entendement si l'on admet que les guerres yougoslaves, le régime qui les a programmées et les crimes qui sont consubstantiels à sa politique, ont à voir, directement à voir avec le communisme et son héritage stalinien.

Nous voici, Régis, à la source de notre querelle : le rapport au communisme tel qu'il fut dans ce siècle, notre relation à ce passé mort saisi par le vif mortel du nationalisme.

Ce n'est pas seulement qu'à l'abri d'un « internationalisme » vassalisé en instrument de la « patrie du socialisme », le stalinisme a construit sa triste fortune sur l'exacerbation du national, la gloire des grands peuples et l'oppression des petites nations. Encore qu'à ce propos, tu te souviens sans doute de ce recueil de discours de Maurice Thorez publié en 1945 aux défuntes Éditions sociales, dont le titre claquait comme un ordre aux armées : *Une politique de grandeur française*... Tandis que les peuples colonisés par la France s'apprêtaient, après avoir versé leur sang pour la sauver, à retourner contre elle nos grands principes d'égalité, de liberté et de fraternité, le secrétaire général du PCF d'alors leur tenait ce discours jésuitique : « Nous avons toujours proclamé que le droit au divorce ne signifiait pas l'obligation de divorcer. Nous n'avons jamais cessé de montrer que, par exemple, l'intérêt des populations de l'Afrique du Nord était dans leur union avec le peuple de France. [...] Créer les conditions de cette union libre, confiante et fraternelle des peuples coloniaux avec le peuple de France, voilà l'objectif que doit se proposer une politique vraiment démocratique et vraiment française. »

Non, c'est surtout que l'actuel régime serbe qu'incarne Slobodan Milosevic offre cette particularité, parmi toutes les transitions à l'œuvre dans les anciens pays de l'Est, de s'inscrire dans la continuité de cette histoire. Malgré le passage au pluripartisme et aux élections libres, il n'y eut pas de rupture au sein de l'élite politique et des structures étatiques. Hommes et mécanismes, appareils et réflexes, duplicités et mensonges, secrets et mises en scène : la même culture politique, avec les mêmes instruments, a réussi à survivre sous l'apparente démocratisation. Tandis que l'ensemble des partis communistes au pouvoir s'épuisaient ou se délitaient, y compris au sein de la RFY, la Ligue des communistes de Serbie sut, dès 1987, s'inventer une seconde vie en allant chercher une énergie renouvelée dans la réactivation du nationalisme serbe.

Rebaptisée Parti socialiste, elle trouva un allié logique et naturel auprès du Parti radical serbe, formation d'extrême droite, raciste et fasciste, avec laquelle Milosevic gouverne aujourd'hui encore à Belgrade et communie dans une rhétorique belliqueuse et xénophobe, anti-européenne et antidémocratique. Ce régime, dont on a trop vite oublié qu'il s'était empressé de soutenir les putschistes de Moscou en 1991, est donc clairement, explicitement, fièrement, une coalition de rouges et de bruns, un front national-communiste associant, sous la direction des premiers, des communistes formés à l'école stalinienne à des fascistes exploitant l'« hystérie du désespoir », et surtout ragaillardis par le crime, par le feu vert donné au crime.

On ne saurait comprendre cette continuité dans la mutation si l'on entretient cette illusion ravageuse que tu faisais encore tienne, dans les colonnes du *Monde*, en 1994 : Tito et, disais-tu, « son communisme éclairé »... Le schisme de 1948, cette rupture provoquée par Staline qui donna l'espoir, notamment aux trotskystes, d'une brèche dans le glacis totalitaire, ne fit pas pour autant de Tito un « anti-stalinien » ou un « non-stalinien », si tu veux bien me concéder que le « stalinisme » n'est pas une catégorie politique uniquement réductible aux staliniens fidèles à Staline. Si cet aléa historique donna au régime titiste un caractère spécifique, il ne l'amena « jamais à renoncer à ses origines ni à ses aspirations totalitaires », comme nous le rappelait, en 1992, un livre fort pédagogique, *De Sarajevo à Sarajevo*, dirigé par Jacques Rupnik, le même Rupnik dont je sais que tu as lu les articles prémonitoires sur le Kosovo, publiés en 1982, dans *L'Alternative*, une revue aujourd'hui disparue qu'animait l'ami Maspero – encore lui ! – en soutien aux révoltes et dissidences à l'Est.

Sous Tito, certes un climat de liberté relative, notamment pour l'intelligentsia ; une répression sélective, mais qui n'excluait pas la barbarie du camp de Goli Otok, cette « île nue » qui fut le goulag des Yougoslaves ; une croissance économique incontestable, mais dont le résultat fut au bout du compte, comme ailleurs, l'enrichissement d'une caste bureaucratique dont l'État garantissait les petits profits et les grands avantages ; bref, une « manipulation de doses variables de liberté » par un régime de parti unique dont la propagande ne reculait pas devant « l'évocation et la satanisation d'ennemis les plus divers ». Enfin, et surtout, un nationalisme qui, sous l'apparente cohésion fédérale et patriotique, fut institutionnalisé aux fins, vaines, de l'endiguer. Faute d'« espoir de réformes significatives de transition vers la démocratie », conclut l'un des historiens réunis par Rupnik, le nationalisme vint combler le vide, tout grief d'« ordre économique et social, voire politique » étant ramené à une question d'« ordre ethnique ».

Verser une larme nostalgique sur le défunt titisme face au drame bosniaque hier ou au drame kosovar aujourd'hui, ce n'est pas seulement arranger le passé pour s'arranger du présent. C'est laisser transparaître une nostalgie plus ample, celle d'une époque où le stalinisme et tous ses avatars, malgré l'oppression qu'ils faisaient subir à leurs peuples, étaient automatiquement rangés dans le camp du progrès opposé à celui de l'impérialisme – nord-américain, cela va de soi. Or ce qui fut le plus sidérant, dans le débat intellectuel sur la guerre du Kosovo, c'est de voir réapparaître ces alignements machinaux et fonctionner, comme si le siècle n'avait pas eu lieu, cette froide mécanique « campiste », totalement indifférente à l'humanité concrète.

De cette pensée-réflexe appliquée au Kosovo, le philosophe Alain Badiou a livré, dans *Le Monde* du 20 mai 1999, la version la plus tristement transparente, n'hésitant pas à vanter « la discipline communiste » de la Yougoslavie de Tito et appelant ses peuples à la « réinventer », non pour combattre le « nationalisme serbe » (qui ne serait pas « pire que les autres », notamment le « nationalisme kosovar ») mais pour résister à la « réaction planétaire », cette « Sainte-Alliance » menée par les États-Unis dont le vrai but serait d'« humilier les Russes et aussi, tant qu'à faire, les Chinois ».

Badiou a certes pour excuse d'être passé par ce que je tiens pour la pire de nos écoles politiques soixante-huitardes, les « maos-stals », adeptes d'un maoïsme où l'invention stalinienne du « social-fascisme », amendée en « social-impérialisme », avait encore cours. Mais je ne me résous quand même pas à ce spectacle : l'égarement d'un esprit libre, cette confusion des bourreaux et des victimes dans un même opprobre, cette dénonciation d'une « rhétorique victimaire » en guise d'épitaphe dédaigneuse pour un peuple martyr. Au Kosovo, comme en Bosnie,

« rien n'était plus nécessaire que de ne pas intervenir », que de « ne rien faire », écrit Badiou, avant d'en livrer la vraie raison : « L'époque, nous le savons, est contre-révolutionnaire. » Pour tenter de comprendre ce qui m'a semblé un désastre intellectuel, j'ai relu *D'un désastre obscur* (1991), l'essai qu'avait consacré Badiou à la chute du communisme et qui, à l'époque, m'avait séduit. Et j'y ai lu cette affirmation : « Le monde communiste, sanglant et inerte, pouvait prétendre être *le* monde, parce que son Idée, si perceptible qu'en ait été rapidement l'usure, était celle de l'émancipation. » Évidemment, si, aujourd'hui encore, on admet que le communisme totalitaire fut l'Idée en actes de l'émancipation, il faut logiquement en conclure qu'un autre monde, le nôtre, doté d'institutions démocratiques, respectant l'autonomie du droit et où les libertés peuvent être à la fois défendues et conquises, n'est qu'une imposture, le masque hypocrite de l'oppression véritable. Et, tout aussi logiquement, se convaincre que la fin du communisme réel, loin de libérer l'invention des idéaux et des révoltes contre les injustices de notre monde, en signifie l'éclipse durable, nous plongeant dans une nuit noire de désespérance.

Nous y sommes, Régis.

Devant cette terrifiante vigueur retrouvée, à l'échelle peut-être modeste mais assurément explosive des Balkans, des potentialités totalitaires du stalinisme et de son national-communisme, d'une politique qui n'est pas d'homme mais de négation de l'homme, ces réflexes anciens sont-ils de bon augure ? Ne disent-ils pas plutôt l'inachèvement dramatique d'un nécessaire travail de deuil ?

Car que nous dit Badiou, sinon que ce qui fut, ce démenti constant de l'émancipation, est le seul futur du combat contre l'injustice, l'exploitation et l'oppression ? Que nous dit-il, sinon que les toujours debout régimes chinois ou cubain de parti unique, où le mensonge est une vérité, la contestation (y compris syndicale) un acte contre-révolutionnaire, la libre pensée et la libre création une dissidence réprimée (« Dans la révolution, tout ; hors de la révolution, rien », avait proclamé Fidel Castro dès 1961 dans une harangue aux intellectuels, ajoutant que l'artiste révolutionnaire doit être « prêt à sacrifier jusqu'à sa propre vocation ») – oui, que nous dit-il, sinon que la réalisation ou l'ébauche de réalisation de l'Idée totalitaire, immuable et figée, qu'ils incarnent vaudra toujours mieux que le quotidien trompeur de nos démocraties où nous pouvons à loisir contester, revendiquer et, parfois même, faire la révolution ? Que nous assène Badiou, sinon que ce « camp »-là, celui de Belgrade en l'espèce, doit être mécaniquement défendu ou laissé en paix, quelle que soit la situation concrète, fût-ce au prix de la relativisation de ses crimes, au nom du combat contre l'ennemi « principal », notre impérialisme ? Et qu'au fond, puisque crimes il y a et qu'ils ne sont pas niables, nous vivons dans un monde indifféremment barbare, un monde de barbaries équivalentes et jumelles, où les victimes civiles des bombardements de l'OTAN ne sont pas mieux loties que celles de la purification ethnique, où la démocratie produit une barbarie semblable à celle du totalitarisme ?

J'insiste donc, Régis, car la question est d'importance : oui ou non, le communisme totalitaire est-il notre histoire ? En sommes-nous ou n'en sommes-nous pas les héritiers ? Avons-nous besoin de nous en sentir comptables pour réinventer l'espérance, ici et maintenant ? Les militants de demain devront-ils se retrouver comme ceux d'hier, désespérés dans leur âme et meurtris dans leur chair lorsqu'ils se sont brutalement aperçus qu'ils avaient dévoué leur conscience et leur vie à une Idée qui en était l'intime trahison ? Et je pose ces questions en ayant en mémoire la haute figure de

Margarete Buber-Neumann, compagne de l'un des leaders du KPD, et sa tragédie : fuyant le nazisme et se réfugiant à Moscou en 1933, elle fut déportée au goulag sibérien en tant que femme de « déviationniste », puis livrée en 1940 par l'URSS à la Gestapo en un « geste d'amitié » de Staline à Hitler, et déportée à Ravensbrück où elle veillera l'agonie de Milena Jesenska, l'amie de Kafka, celle des magnifiques *Lettres à Milena*. Margarete, prisonnière chez Staline *et* chez Hitler, déportée par l'un *et* par l'autre, livrée à l'un par l'autre...

Tu devines ma réponse, catégoriquement négative.

Contrairement à ce que j'ai cru et défendu durant ma jeunesse militante, il n'y avait pas plus d'« États ouvriers » – fussent-ils « déformés » ou « dégénérés » comme nous disions pour nous rassurer – à défendre qu'il n'y avait d'humanité et de morale, de simple humanité et d'élémentaire morale, dans cette réalité totalitaire. D'ailleurs, lesdits ouvriers ne se sont pas privés de nous le démontrer en ne levant pas le petit doigt quand « leurs » États se sont effondrés d'eux-mêmes. Je pense même que, dans nos urgences et nos activismes d'époque, nous n'avons pas prêté suffisamment attention à une réflexion obscure et tâtonnante de Trotsky qui, s'interrogeant en 1939 sur l'issue de la catastrophe à venir et émettant l'hypothèse, à laquelle il se refusait de croire, d'une survie durable du stalinisme, en concluait qu'il serait dès lors contraint de réviser sa « conception de la présente époque » et d'« élaborer un nouveau programme », bref de tout revoir…

Mais ta réponse, Régis ? Je crains de la connaître, même si, à la différence de Badiou, tu ne la formules pas. Car je ne vois d'autre explication à ton indulgente bienveillance pour le pouvoir serbe qu'un automatisme somnambulique, comme si des liens invisibles, mais tenaces, te rendaient prisonnier de ce passé au point que tu deviennes complice de son présent. Comme si, pour sauver l'esprit de résistance à l'ordre des choses et des fatalités, il fallait se sentir peu ou prou légataire de son exact envers, le Grand Un du Parti et de l'État, de l'État-Parti. Comme si, à l'image d'un membre fantôme qui, bien que disparu, se rappellerait sans cesse à l'être vivant avec lequel il faisait corps, le stalinisme devait être, pour l'éternité, le fardeau de l'espérance.

Récemment, dans *La Complication*, un retour sur le communisme en forme de réfutation posthume de François Furet et de son *Passé d'une illusion*, Claude Lefort a posé une question dont il ne doutait pas « qu'elle paraisse encore à présent scandaleuse » : « N'est-ce pas le modèle totalitaire et les chances qu'il offrait à la formation d'un Parti-État et d'une nouvelle élite qui ont exercé un formidable attrait sur tous les continents, plutôt que l'image d'une société délivrée de l'exploitation de classe dans laquelle tous les citoyens jouiraient des mêmes droits ? » Le scandale, Régis, n'est pas dans la question ni dans la réponse, fort bien étayée au demeurant par cet ancien de « Socialisme ou barbarie », groupe trotskyste de l'après-guerre en dissidence inventive et fructueuse.

Non, il est dans le fait que cet attrait soit toujours à l'œuvre et que tu en aies été l'une des illustrations, au point de nous servir, dans ton analogie entre la Serbie au Kosovo et la France en Algérie, cette sentence, qui m'a semblé tenir de l'antiphrase inachevée ou de la litote masquée : « M. Milosevic n'est certes pas de Gaulle. »

David Rousset fut trotskyste, gaulliste, et il nous manque.

Je ne saurais imaginer ce que penserait de notre dispute l'auteur de *L'Univers concentrationnaire* et des *Jours de notre mort*, deux des grands livres témoins de l'Horreur du siècle, au même titre que *Si c'est un homme* de Primo Levi et *L'Espèce humaine* de Robert Antelme. Disparu en décembre 1997, il n'est plus là pour nous le dire. Mais il nous laisse le témoignage de ses livres et de sa vie.

De retour des camps nazis, où il fut déporté parce que trotskyste, membre d'un réseau de résistance infiltré au sein de l'armée allemande (toujours l'internationalisme, Régis), et où il ne dut sa survie qu'au fait d'avoir su cacher cette qualité à l'appareil communiste clandestin, Rousset s'efforça d'en rendre immédiatement compte en publiant, dès août 1945, *L'Univers concentrationnaire*. Intitulé « Les astres morts poursuivent leur course », le dernier chapitre commence par ces mots : « L'univers concentrationnaire se referme sur lui-même. Il continue maintenant à vivre dans le monde comme un astre mort chargé de cadavres. » Il leur sera fidèle jusqu'au bout, poursuivant jusqu'à l'épuisement ces astres morts et faisant de cette traque une règle de vie.

C'est ainsi que, dès 1949, il partit en campagne contre l'univers concentrationnaire soviétique, constituant une commission d'enquête dont, en 1951, le *Livre blanc sur les camps soviétiques* dévoila, vingt ans avant l'effet Soljenitsyne, l'entière réalité, cernant au plus près la vérité. Sa solitude, Régis, fut insondable. Dans *Les Lettres françaises* d'Aragon, Pierre Daix, lui-même ancien déporté, le traita de « falsificateur » et d'instrument de l'« entreprise publique de préparation à la guerre antisoviétique ». Dans *Les Temps modernes*, Jean-Paul Sartre prit ses distances, affirmant que la commission, se focalisant sur l'URSS, ne tenait pas compte des dictatures qui sévissaient dans le camp opposé. Loin de l'amener à renoncer, cet isolement conduisit David Rousset à s'inventer un itinéraire qui ne fut qu'à lui. Resté trotskyste dans l'âme par son instinct de révolte, ses réflexes politiques, sa curiosité du monde, il devint « gaulliste de gauche », au point d'être élu en juin 1968 sous cette étiquette et de siéger aux côtés de gaullistes conservateurs qu'il ne cessera de pourfendre.

Je crains, Régis, que ce « gaullo-trotskysme » d'occasion ne te séduise pas plus que mon « trotsko-péguysme » amateur. Car lui non plus n'était pas vraiment national-républicain... Tout gaulliste apparent qu'il fut, Rousset claironnait en Mai 68 : « Nous sommes avec les étudiants [...]. Ils ont fait ce que nous recherchions : ils ont rassemblé une Europe révolutionnaire unifiée de la Sibérie à l'Atlantique. » Je te le concède : il fallait beaucoup d'aplomb pour oser l'écrire. Mais j'en retiens la musique, cette proclamation que l'Europe n'est pas une fatalité, mais une volonté. Puis, en 1971, démissionnant avec fracas de l'UDR pompidolienne, Rousset adressa une lettre à Jacques Chaban-Delmas qui se terminait ainsi : « Entre les satisfaits, les prudents, les raisonnables et le camp des fous qui veulent changer le monde, je suis résolument de cette folle sagesse-là. Il est possible, évidemment, que le monde ne change pas. Ce sera tant pis pour lui. »

De semblables mots bravaches pourraient certainement venir encore sous ta plume. Mais, hélas, leur crédit serait entaché par ce fait, indéniable, que tu n'as pas su, à l'instar de Rousset, porter attention au crime.

Toute sa démarche fut en effet de s'attacher, sans préjugés, au détail du crime totalitaire, à sa mécanique, à sa précision, à son organisation. Non seulement il n'hésita pas à comparer les systèmes concentrationnaires nazi et stalinien, à souligner leurs dissemblances et leurs proximités, mais de plus il scandalisa en ne faisant pas de différence de nature entre camps de concentration et camps d'extermination, soulignant leur essence commune : refuser à une partie de l'humanité la condition d'être humain, en l'exterminant immédiatement dans les chambres à gaz ou en la déshumanisant par le travail forcé jusqu'à sa liquidation finale. Qu'on approuve cette conclusion ou qu'on s'en dissocie, ce cheminement intellectuel de David Rousset est une leçon d'actualité.

Traquer aujourd'hui les « astres morts », c'est en effet admettre que la barbarie n'est pas d'un autre âge et qu'elle peut renaître comme la part maudite de notre réalité. C'est faire du crime contre l'humanité, de son absence ou de sa présence, un critère politique décisif sur la nature de l'appareil politico-militaire qui le produit, et donc du régime dont il est l'instrument. C'est, du coup, savoir penser, regarder, examiner, constater, des singularités génocidaires, différentes et nouvelles, sans pour autant vouloir inscrire une hiérarchie dans l'évaluation du crime et de l'horreur. Le fait que l'absolu du crime que fut la solution finale nazie ne se répète pas ou ne se reproduit pas à l'identique dans notre présent n'implique pas qu'il n'y ait pas, sous nos yeux, crime contre l'humanité, répétition ou reproduction de la mort planifiée d'hommes et de femmes non à raison de leurs actes, mais au nom de leur identité ou de leurs idées, de leur naissance ou de leur appartenance.

Dans une indifférence longtemps générale, ces questions, Régis, des hommes et des femmes se les sont posées très tôt face aux guerres yougoslaves. Je pense ici aux modestes, discrets, si peu médiatiques militants du Comité Vukovar-Sarajevo et du Comité Kosovo. En 1994 – il y a déjà cinq ans ! –, l'une d'entre eux, Véronique Nahoum-Grappe, rappelait que chez Robert Antelme, autre rescapé des camps et auteur de l'admirable *L'Espèce humaine*, « son "plus jamais ça" était le terreau d'une question permanente, "est-ce cela ici ?" ». Et si, commentait-elle, « le refus d'être dérangé, la gêne immense d'une comparaison impossible à supporter en regard de notre éthique et de notre histoire, était notre vraie clôture ? Plus nous pleurons sur la Shoah au cinéma, et jurons de nous souvenir pour ne pas oublier, et moins nous comparons ! Et quand on met au bras des non-Serbes des signes distinctifs pour qu'ils soient reconnaissables dans la rue, et quand les enfants sont interdits d'école dans leur langue, arrêtés et torturés en tant qu'ennemis, comme au Kosovo, et quand des populations entières vivent en pleine Europe sous le boisseau d'un apartheid masqué mais meurtrier, depuis 1989 toujours au Kosovo, ou bien en Bosnie serbe purifiée, qui peut empêcher un Robert Antelme en nous de comparer ? ».

Car, Régis, qui voulait savoir pouvait savoir, sans avoir besoin de jouer les journalistes amateurs.

S'agissant de l'affaire yougoslave et du pouvoir de Milosevic, l'expertise minutieuse du crime, de sa nature, de sa nouveauté, de son déroulement, fut menée, de longue date. Des rapports ont été rendus, des livres ont été publiés, des milliers d'articles ont témoigné, des enquêtes ont été diligentées. Par le Tribunal pénal international, par la Commission des droits de l'homme des Nations unies, par le Comité international de la Croix-Rouge, par des ONG les plus diverses, par de nombreux journalistes aussi, dont mon confrère Yves Heller du *Monde* qui, en nous quittant trop tôt, s'est épargné une homérique colère à la lecture de ta « Lettre d'un voyageur au président de la République ». Yves couvrit les guerres yougoslaves jusqu'en 1995 et son premier article fut un reportage à Pristina sous l'état d'urgence, en février 1990, qui nous disait, déjà : « Les Serbes veulent la guerre. » Huit ans après, en octobre 1998, un rapport de terrain, réalisé par une mission de la Fédération internationale des droits de l'homme, concluait qu'au Kosovo, « le droit à la vie est, enfin et par-dessus tout, nié ».

Cette mission était arrivée à ce constat au bout de huit jours d'enquête. De tes quatre jours au Kosovo, tu es revenu avec l'affirmation, sur la foi de l'unique témoignage... d'un journaliste américain, qu'à part des « exactions » commises à Pristina « sous le déluge des bombes » de l'OTAN, durant les trois premiers jours des frappes, il n'y avait « pas trace, depuis, d'un crime contre l'humanité ». Tu l'as donc rapporté, nuancé (« Je n'ai pas tout vu »), mais répété et maintenu : où serait donc le crime quand des boulangeries et des pizzerias albanaises sont encore ouvertes ?

« Pas trace d'un crime contre l'humanité »... Une phrase définitive, un couperet. Encore une fois, c'est, pour moi, la blessure de cette histoire : ton indifférence au crime.

« Le journalisme n'est pas ma profession, mais ma malédiction », écrivais-tu en 1980, dans ton introduction à *L'Espérance au purgatoire*. Tu ne croyais pas si bien dire.

En conclusion du reportage pour *Marianne* qui a suivi la parution de ta « Lettre », tu nous fais cette recommandation : « Chaque détail est véridique – et, séparé des autres, mensonger. Prenez le tout pêle-mêle, ou rien. ET DOUTEZ. » Douter, en effet. Mais, Régis, tu eus d'entrée le doute sélectif ! Ne nous as-tu pas affirmé, sans le prouver, que certains des témoignages par toi recueillis dans les camps de Macédoine « se sont révélés outranciers, voire inexacts », quelques lignes avant de nous assener, sans aucunement « sourcer » cette « information » qui n'était qu'un mensonge, qu'en Serbie, « trois cents écoles, partout, ont été touchées par les bombes » de l'OTAN ? Et, pour le reste de ta « Lettre », essentiellement des « m'a-t-on dit », « m'a-t-on rapporté », « m'a-t-on répliqué », dont le « on » nous restera toujours inconnu mais dont les propos avaient l'intérêt d'entrer dans ton épure.

Car tes précautions n'enlèvent rien à l'affaire, et le résultat fait preuve : tu es parti là-bas, avec tes certitudes, dans l'idée non pas de les mettre à l'épreuve, mais de semer un doute partisan. Un doute qui mette et tienne à distance l'humanité concrète. Un doute qui renverse la perspective politique. Un doute qui doute d'abord des victimes.

Le présent ne te suffisant pas, et pour cause, tu y as ajouté le passé, appelant à la rescousse une Histoire absolutrice. Après tout, nous dis-tu, ces Serbes, qui ne font guère plus que des « évacuations “à l'israélienne” », ne sont-ils pas un « peuple philosémite » ? Auriez-vous oublié qu'il y eut « des divisions SS albanaise, musulmane et croate, jamais de serbe » ? Comment donc ce grand « peuple résistant », demandes-tu, « serait-il devenu nazi avec cinquante ans de retard » ? Et d'ailleurs, il n'y a pas de peuple « collectivement criminel », pas plus le peuple serbe, insistes-tu bizarrement, que le « peuple juif ». Or, ce discours que tu as fait tien est exactement celui de la propagande nationale-communiste qui s'est méticuleusement efforcée d'imposer ce renversement, où la mobilisation du peuple serbe autour d'un projet criminel s'identifie au sort du peuple juif victime du génocide.

Il n'est pas d'inversion plus perverse que celle-là : habiller le crime contre l'humanité du manteau de la Shoah. Dans la situation concrète, d'inhumanité concrète qui nous occupe, c'est en quelque sorte injurier les morts dans un cimetière. Et, Régis, pas n'importe quel cimetière…

À la page 598 de son livre-monument, *La Destruction des Juifs d'Europe* (1988), Raul Hilberg conclut son récit de la destruction des Juifs de Serbie en citant un rapport allemand d'août 1942 qui, « avec une satisfaction considérable, mentionnait une réussite unique en son genre » : « Serbie, seul pays où question Juifs et question Tziganes résolues. »

5

Le souci du monde

J'ai grandi dans une île dont le poète est encore en vie.

« Je dis que nous étouffons. Principe d'une saine politique antillaise : ouvrir les fenêtres. De l'air. De l'air », écrivait Aimé Césaire dans *Tropiques* en 1944.

Au terme de cette dispute douloureuse, Régis, je n'ai qu'une envie : suivre son conseil. *Partir*, disait-il…

Comme il y a des hommes-hyènes et des
hommes-panthères, je serais un homme-juif
un homme-cafre
un homme-hindou-de-Calcutta
un homme-de-Harlem-qui-ne-vote-pas

Le hasard des amitiés a fait que l'édition définitive de ce *Cahier d'un retour au pays natal*, publiée en 1956, fut préfacée par un écrivain croate (et yougoslave, à l'époque), Petar Guberina, ancien condisciple de Césaire. Il faut se méfier des îles : dans leur discrète mélancolie et leur léger retrait, elles cachent des mondes sans fin qui ouvrent au monde entier. Peut-être ajouteras-tu désormais qu'il faut également se méfier des insulaires…

Ce fut donc une enfance coloniale dans cette île des Caraïbes, la Martinique. Je me souviens d'un portrait accroché au mur qui disait la France républicaine. C'était celui de Victor Schœlcher, l'homme du combat pour l'abolition de l'esclavage. J'ai sous les yeux l'édition en fac-similé du livre qu'il publia, en 1842, six ans avant d'obtenir gain de cause grâce à la révolution de 1848. « Périssent les colonies plutôt qu'un principe », écrivait-il, ajoutant : « La violence commise envers le membre le plus infime de l'espèce humaine affecte l'humanité tout entière ; chacun doit s'intéresser à l'innocent opprimé, sous peine d'être victime à son tour, quand viendra un plus fort que lui pour l'asservir. La liberté d'un homme est une parcelle de la liberté universelle, vous ne pouvez toucher à l'une sans compromettre l'autre tout à la fois. »

Un siècle et demi plus tard, nous en sommes toujours là. Éternels recommencements du « tout était jeune » d'Isaac et Péguy...

Je sais bien que le mythe schœlchériste, comme l'on dit aux Antilles, fait peu de cas des révoltes d'esclaves qui furent aussi au moteur de l'abolition de la servitude. Mais c'est ainsi que, depuis l'enfance, j'imagine la France : une quête infinie de l'universel. Un universalisme toujours en chantier, en perpétuelle invention, sans cesse à l'épreuve. Autrement dit, le contraire exact d'une grandeur nationale héritée et proclamée. Ainsi Schœlcher disait-il préférer perdre les Antilles plutôt que d'y maintenir l'esclavage, sauver un principe plutôt qu'un intérêt particulier, fût-il national. Au regard du monde et de l'humanité, la grandeur s'obtient ou se gagne dans l'épreuve du présent. Elle ne peut être que provisoire, jamais acquise pour l'éternité, ni legs de l'Histoire, ni don inné d'une nation.

À cette aune, j'ai longtemps eu honte de l'impuissance de la France, de l'Europe et du monde face à la catastrophe yougoslave. Et c'est en proportion de cette honte que je n'ai pas eu honte de voir la France participer à l'offensive militaire alliée menée par l'OTAN, donc sous direction nord-américaine.

Je ne l'approuve ni ne la réprouve – après tout, et c'est regrettable, on ne nous a pas demandé notre avis. Mais j'estime qu'il fallait agir et que le pire aurait été de ne rien faire. Je regrette que l'Europe n'ait pas été en mesure de la mener elle-même et elle seule, sa construction économique ayant pris le pas et de l'avance sur sa construction politique, sociale, démocratique et, donc, militaire. Je critique la stratégie aérienne choisie, dont réfugiés kosovars et civils serbes font les frais, comme si les généraux du Pentagone avaient inventé une « guerre munichoise » : une guerre qui ne nous empêcherait pas de bénéficier, en même temps, du lâche soulagement de la paix ; une guerre virtuelle où la vie des militaires ne serait jamais en jeu. L'histoire des presque dix années de guerres yougoslaves ayant offert tant d'exemples de mauvais compromis avec le pouvoir de Belgrade, je redoute qu'elle ne s'achève sur une partition du Kosovo, selon un scénario déjà prévu par Milosevic. Et je ne vois pas comment, sans intervention terrestre, le but qui doit être le sien – permettre aux habitants du Kosovo de s'autodéterminer librement et, par conséquent, aux réfugiés de rentrer chez eux – pourra être atteint.

Tu eus honte aussi, Régis, mais ta honte fut d'un autre ordre.

Rappelant, à la fin de ta « Lettre d'un voyageur », que de Gaulle considérait l'OTAN comme « la subordination militaire et politique de l'Europe occidentale aux États-Unis d'Amérique », tu avoues « une certaine honte » quand, à Belgrade, t'étonnant de ce qu'une personnalité française n'était pas reçue alors que l'on s'empressait autour de représentants américains, tu obtins cette réponse : « Mieux vaut parler au maître qu'à ses domestiques. »

Ta honte concerne donc la grandeur française : le rang de la France, ses prérogatives, sa puissance. À tes yeux, le fait qu'elle soit associée, dans cette cause, à l'empire américain est un abaissement, sinon une capitulation. Pour ma part, je ne crois pas qu'on sauve la grandeur sans se soucier du monde, de ses urgences et de ses souffrances. Peu me chaut cette grandeur-là, si le prix en est l'indifférence à l'humanité et la désertion de l'universel. Évidemment, c'est toujours un pari incertain et risqué, dans des compagnonnages non dénués d'arrière-pensées. En ce sens, notre désaccord est bien une querelle péguyste où, pour reprendre la division sur laquelle se termine *Notre jeunesse*, « salut temporel » et « salut éternel » de la France s'opposent. La transcendance m'étant une catégorie assez étrangère, je laisse à l'avenir le soin de nous départager sur ces saluts-là.

« Le nationalisme est un mal hideux qui depuis son avènement, il y a juste deux siècles, a défiguré l'homme et la planète », écris-tu dans ton *À demain de Gaulle* (1990). Loin d'être nationaliste, tu rêves toi aussi d'une France « des grands horizons », « ouverte sur les lointains ». Mais c'est aujourd'hui plus compliqué qu'hier, moins évident. Principale victime de la chute du communisme, la diplomatie française ne bénéficie plus du confort d'un monde bipolaire où elle pouvait jouer sa partition solitaire, dans l'illusion d'une glorieuse indépendance. Les espaces du politique, de l'économique et du national se sont définitivement disjoints sous nos yeux : l'Europe édicte ses directives, les marchés n'ont pas de frontières et les hommes veulent librement circuler. De nouvelles lignes de fracture s'inscrivent, de nouveaux rapports de force s'ébauchent. Rien ne coïncide plus, les repères se sont évanouis, tout est à réinventer.

C'est devant cette complexité-là, enfantée par l'événement de 1989, que tu te raidis. Plutôt que le saut dans l'inconnu, mieux vaudrait s'accrocher au sûr et au certain, déjà éprouvés : le national, dont tu fais ta nouvelle mystique unitaire.

Je crains, au contraire, qu'il ne nous faille avancer sans les protections d'une histoire fétiche, sans l'assurance d'une foi révolue, dans une incertitude entièrement laïque et profane. Le repli crispé sur le national est une fuite devant l'épreuve. Loin de garantir, il expose. Car notre national aussi est en crise mortifère. La célébration du même et de l'entre-soi y est à l'œuvre, faisant de l'étranger, de l'immigré, du sans-papiers le bouc émissaire des peurs et des craintes. L'exigence de justice sociale en est la première victime, évacuée sous couvert d'un imaginaire identitaire.

La grandeur française nous est-elle, ici, de quelque secours ? Tout au contraire, elle nous entrave, fonctionnant à l'instar de l'« histoire antiquaire » de Nietzsche qui, soulignait-il, leste l'homme d'une antériorité paralysante au point qu'il n'a plus assez de légèreté ni de liberté pour inventer ou réinventer ses valeurs. Le mort saisit le vif et, dès lors, la conscience, malade du passé, ne peut pas se projeter dans le présent et l'avenir. « La France ne peut être la France sans la grandeur », disait de Gaulle. Ce me semble être l'une de ces injonctions paradoxales qui, selon certains psychiatres, font les schizophrènes. C'est ainsi que la France devient une nation malade. Car, si elle n'accède plus à ladite grandeur, ne serait-elle donc plus la France, c'est-à-dire elle-même ?

Se diffuse alors insidieusement l'illusion perverse d'une nation qui ne s'appartiendrait plus et qui ne se maîtriserait plus. Répandre l'idée de cette défaite imaginaire, prétendre que la survie est en jeu, c'est enfoncer encore plus la France dans ses replis et ses frayeurs. Et une nation qui a peur, qui se croit victime de l'Histoire, qui pense que la grandeur lui est due est une nation qui s'affole. Si nous l'avions oublié, nous nous en souvenons désormais : une telle nation peut devenir dangereuse pour son peuple et pour les autres peuples.

Il est une autre voie, heureusement. Relever le pari du souci du monde. Projeter sur l'Europe nos convictions républicaines. Nous remettre en cause dans la confrontation avec d'autres héritages. Ne pas laisser à l'universelle marchandise le monopole de l'universel. Inventer un nouvel universalisme des droits, des libertés, des idées et des cultures. Accepter cette aventure nomade de l'interdépendance des nations et des peuples dans une tension créatrice entre l'identité et le métissage, l'enracinement et l'arrachement, l'universel et le particulier.

Cher Régis, c'est en fait une ancienne promesse, qui restera toujours inachevée. Publiant en 1897 sa première *Jeanne d'Arc*, immense poème d'un mythe national où il discernait « une nouveauté sans limite », Charles Péguy la dédia cependant « à toutes celles et tous ceux qui seront morts de leur mort humaine pour l'établissement de la République socialiste universelle ». Toutefois il disait aussi, ailleurs, que « c'est l'effet d'une ambition naïve et mauvaise, idiote et sournoise que de vouloir clore l'humanité par l'évolution sociale ». Et d'ajouter : « Faire un cloître de l'humanité serait l'effet de la plus redoutable survivance religieuse. » Nous voilà bien avancés.

Reste alors l'inquiétude qui, après tout, est l'antichambre de l'espérance.

Paris, le 27 mai 1999

Table

De la Yougoslavie à l'Ukraine 11

I. La Contre-épreuve

1. Un aveuglement français 19
2. L'impérialisme russe 39
3. L'Opposition de gauche 61
4. Le crime d'indifférence 89

II. L'Épreuve

1. Un cahier libre 111
2. Petite France 125
3. Cette peur panique 155
4. Le membre fantôme 193
5. Le souci du monde 221

DU MÊME AUTEUR *(suite)*

La Troisième Équipe. Souvenirs de l'affaire Greenpeace, Don Quichotte, 2015 ; Points, 2016.
Dire nous, Don Quichotte, 2016 ; Points, 2017.
Voyage en terres d'espoir, Éditions de l'Atelier, 2016.
Le Devoir d'hospitalité, Bayard, 2017.
La Valeur de l'information, Don Quichotte, 2018 ; Points, 2019.
La Victoire des vaincus. À propos des Gilets jaunes, La Découverte, 2019.
La sauvegarde du peuple. Presse, liberté et démocratie, La Découverte, 2020.
Tous les films sont politiques. Avec Costa-Gavras, Points, 2021.
À gauche de l'impossible, La Découverte, 2021.

En collaboration

L'Effet Le Pen, avec Alain Rollat, La Découverte-Le Monde, 1984.
Mourir à Ouvéa. Le tournant calédonien, avec Alain Rollat, La Découverte-Le Monde, 1988.
L'Affaire Clichy, avec Jean-Pierre Mignard et Emmanuel Tordjman, Stock, 2006.
Devoirs de vérité, avec François Hollande, Stock, 2006.
Le 89 arabe, avec Benjamin Stora, Stock, 2011.
Notre France, avec Farouk Mardam Bey et Elias Sanbar, Sindbad/Actes Sud, 2011.

Cet ouvrage a été composé
par PCA
et achevé d'imprimer en août 2022
par CPI Firmin Didot, Le Mesnil-sur-l'Estrée (27)
pour le compte des Éditions Stock
21, rue du Montparnasse, 75006 Paris

PAPIER À BASE DE FIBRES CERTIFIÉES

Stock s'engage pour l'environnement en réduisant l'empreinte carbone de ses livres.
Celle de cet exemplaire est de :
425 g éq. CO_2
Rendez-vous sur
www.editions-stock-durable.fr

Imprimé en France

Dépôt légal : septembre 2022
N° d'édition : 01 – N° d'impression : 169731
61-07-7439/9